당신은
한번도
혼자가
아니었다

YOU ARE NEVER ALONE

Originally published in English as *You Are Never Alone*
ⓒ 2020 by Max Lucado

Published by arrangement with Thomas Nelson,
a division of HarperCollins Christian Publishing, Inc. through rMaeng2, Seoul,
Republic of Korea.
All rights reserved.

This Korean translation edition Copyright ⓒ 2021 by Word of Life Press, Seoul,
Republic of Korea.

이 한국어판의 저작권은 알맹2를 통하여
Thomas Nelson, HarperCollins Christian Publishing, Inc.과 독점 계약한
생명의말씀사에 있습니다. 신저작권법에 의하여 한국 내에서 보호 받는
저작물이므로 무단 전재와 무단 복제를 금합니다.

당신은 한 번도
혼자가 아니었다

ⓒ 생명의말씀사 2021

2021년 7월 30일 1판 1쇄 발행
2023년 12월 26일   3쇄 발행

펴낸이 | 김창영
펴낸곳 | 생명의말씀사

등록 | 1962. 1. 10. No.300-1962-1
주소 | 서울시 종로구 경희궁1길 6 (03176)
전화 | 02)738-6555(본사) · 02)3159-7979(영업)
팩스 | 02)739-3824(본사) · 080-022-8585(영업)

기획편집 | 김민주, 임선희
디자인 | 조현진
인쇄 | 예원프린팅
제본 | 보경문화사

ISBN 978-89-04-16768-5 (03230)

저작권자의 허락없이 이 책의 일부 또는 전체를
무단 복제, 전재, 발췌하면 저작권법에 의해 처벌을 받습니다.

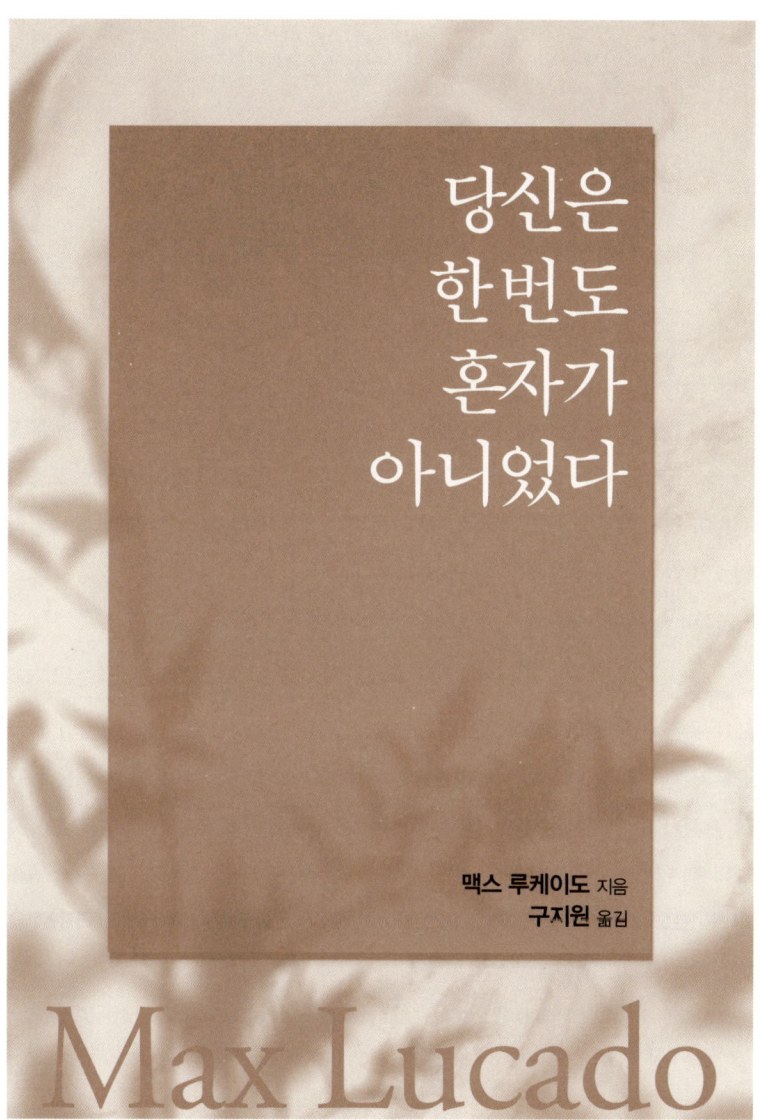

당신은
한번도
혼자가
아니었다

맥스 루케이도 지음
구지원 옮김

Max Lucado

추천의 글

"진심 어린 이야기와 목사로서 건네는 따뜻한 위로를 통해 맥스 루케이도는 우리가 스스로 생각하는 것보다 더 강하다고 역설한다. 우리에겐 항상 계시는 도움의 원천이 있기 때문이다. 이 책의 메시지는 우리가 가장 암울한 순간에조차 하나님의 강력한 임재 안에서 쉼을 발견하도록 돕는다."
– 마리아 슈라이버, 뉴욕타임스 베스트셀러 작가이자 수상 언론인

"고독은 세상을 감염시키는 새로운 팬데믹이다. 통계는 충격적이다. 미국인의 40퍼센트가 자기 삶에 의미 있는 인간관계가 부족하다고 말한다. 경이로운 소식은 누구도 혼자가 아니라는 것이다. 우리는 하나님의 사랑을 받고 있고 우리가 깨닫는 것보다 더 많은 사람들의 사랑을 받고 있다. 내 친구이자 미국이 낳은 참 보배, 맥스 루케이도의 지혜에 귀를 기울여보라. 당신이 이제껏 맛보지 못한 최고의 관계로 당신을 인도해줄 것이다."
– 그레그 로리, 하비스트교회 원로 목사, 「Johnny Cash: The Redemption of an American Icon」의 저자

"하나님께서 과연 당신을 진심으로 돌보시는지 궁금하다면 이 책을 펼쳐라. 맥스 루케이도는 우리에게 반드시 소망과 도움이 있다는 걸 상기시킨다. 우리 곁을 걸으시며 폭풍 속에서 우리를 건져주실 기적의 하나님이 계시기 때문이다."
– 밥 고프, 뉴욕타임스 베스트셀러 「Love Does」 및 「Everybody, Always」(「모두를, 언제나」, 코리아닷컴)의 저자이자 드림 빅 워크숍의 창시자

"내 친구 맥스 루케이도는 하나님께서 이 세상에 주신 가장 신뢰할만한 인물 중 하나다. 늘 그렇듯 맥스의 타이밍은 끝내준다. 고독과 고립은 우리가 겪는 많고 많은 고통의 뿌리인 것 같다. 우리는 어느 때보다 디지털로 연결되어 있지만 우리 사회는 하루하루 갈수록 더 고독을 느낀다. 우리가 하나님과 관계 맺기 위해 창조되었고, 우리 약하디약한 인생의 작디작은 한 조각이 하나님께 중요하다는 걸 생각하면 정말 놀랍지 않은가? 우리의 눈을 들어 이 사실을 볼 수 있게 해준 맥스에게 고마울 따름이다. 이 책을 강력히 추천한다."
– 크리스 탐린, 아티스트, 작곡가, 작가

"『당신은 한 번도 혼자가 아니었다』는 피상적인 신앙을 넘어 생명력 있는 신앙으로 초대한다. 우리를 사랑하시는 살아계신 구주께 온전한 믿음을 갖게 해준다."
- 앤디 스탠리, 노스포인트교회의 설립자이자 담임목사, 『Irresistible』의 저자

"이 책은 아름답다. 쉽다. 신앙을 키워준다. 모든 페이지마다 격려로 가득하다!"
- 존 엘드리지, 뉴욕타임스 베스트셀러 『Wild at Heart』(『마음의 회복』, 좋은씨앗)의 저자

"맥스 루케이도의 신작 『당신은 한 번도 혼자가 아니었다』를 이제 막 다 읽었다. 난 그의 글쓰기 방식이 참 좋다. 사실, 그는 예수님께서 말씀하시는 방식대로 글을 쓴다. 사람들이 사는 곳에 가 닿는다. 그는 평범한 사람이 쓰는 언어를 사용해서 기억할 수 있게끔 마음에 각인시킨다. 맥스, 당신이 당신인 것이 참 고마워요. 당신의 생각이 내게 큰 감동을 주었고 오늘 꼭 필요했던 곳에서 용기를 내게 해주었어요. 이 책을 강력히 추천합니다."
- 카터 콘론, 타임스스퀘어교회의 총감독

"하나님은 이 책이 우리에게 필요하다는 걸 아셨다. 팬데믹이 우리를 고립시키고 그 어느 때보다 고독감이 높아지는 이 시의적절한 때에, 이 책은 우리가 절대로 혼자가 아님을 상기시켜준다. 맥스 루케이도는 우리를 둘러싼 기적들에 눈을 뜰 수 있게 해주고, 하나님께서 우리가 상상하는 것 이상으로 가까이에 계신다는 확신을 심어준다."
- 마크 배터슨, 뉴욕타임스 베스트셀러 『Circle Maker』(『써클 메이커』, 규장)의 저자이자 내셔널교회의 담임목사

"맥스 루케이도는 다정한 목사이자 뛰어난 소통가다. 맥스와의 사귐과 그의 사역에 깊이 감사한다. 『당신은 한 번도 혼자가 아니었다』는 우리 구주를 향한 강하고 풍성한 믿음의 삶으로 이끄는 하나님의 초대장이다. 책장을 넘길 때마다 언제나 당신과 함께하신다는 그분의 약속에 보다 깊은 확신과 신뢰로 인도될 것이다."
- 브라이언 & 바비 휴스턴, 힐송교회의 국제부 원로 목사들

믿음과 용기로 우리 교회를 격려해주는
다음의 동역자들에게 큰 감사를 전합니다.

트래비스와 알리샤 에데스, 브라이언과 재닛 카루스,
미겔과 하이디 페리아, 마리오와 크리스티나 가예고스,
샘과 앤 곤잘레스, 지미와 아네트 프루잇, 리치와 린다 로널드.

목차

추천의 글 • 04
감사의 글 • 12

01 우리는 못 하지만 하나님은 하신다   • 17
02 삶이 앗아간 것을 하나님이 채우신다   • 31
03 기도하고 응답받기까지의 긴 여정   • 47
04 일어나, 네 자리를 들고, 걸어가라   • 65
05 이 문제, 풀 수 있다   • 81
06 폭풍 속에서 내가 너와 함께 있단다   • 97

07 맹인의 눈을 뜨게 하시다 •113
08 무덤을 비우는 목소리 •129
09 다 이루었다 •147
10 그가 보고 믿더라 •161
11 예수님과 함께하는 아침식사 •179
12 믿으라, 믿기만 하라 •199

주 •214

감사의 글

있을 법한 이야기 하나 해드리죠. 오래전, 하나님께서는 하늘이 동원할 수 있는 도움이란 도움을 다 모아서 루케이도에게 주어야겠다고 결정하셨습니다. 하나님은 제가 옆으로 새고, 질질끌고, 투덜대고, 무기력함에서 어기적거릴 것을 아셨던 거예요. 하나님은 천사들도 부러워서 울고 갈 최고의 지원팀이 저에게 필요하리란 걸 아셨습니다. 그렇지 않고서야 어떻게 이토록 놀라운 사람들에게 둘러싸여 일을 마칠 수 있었겠어요? 저는 그럴 자격이 없어요. 하지만 분명한 건, 제가 그들을 사랑한다는 겁니다.

신사 숙녀 여러분, 어떤 작가도 만나기 힘들었을 최고의 지원팀을 소개하도록 하죠. (드럼 소리 부탁해요)

리즈 히니와 카렌 힐. 더 이상의 편집자는 없답니다. 수백만 번이라도 감사를 전해요.

캐럴 바틀리. 당신에게 교열 편집이란 줄리아 차일드(프랑스 전통요리를 텔레비전을 통해 미국에 널리 전수한 미국의 요리사-역주)에게 부엌과도 같은 거죠. 최고랍니다.

스티브와 셰릴 그린. 하늘이 땅에 당신들을 빌려주었고, 우리는 당신들을 되돌려주지 않을 거예요.

마크 숀발트, 돈 제이콥슨, 팀 폴슨, 마크 글레스네, 에리카 스미스, 제인 맥아이보르, 그리고 로라 민츄. HCCP의 수퍼히어로팀이랍니다.

브라이언 햄프턴. 이 소중한 사람에게 특별한 헌사를 바칩니다. 이 책이 만들어지는 중에 하늘나라에 가셨지요.

데이비드 모베리. 1975년부터 기독교 출판계의 일원이셨고 1989년부터 제 세계의 핵심 일원이셨어요. 당신이 데이비드 모베리여서 정말 감사해요.

자나 먼싱어와 파멜라 맥클루어. 당신들의 직함은 출판업자이지만 '친구'라는 단어가 더 잘 어울리지요. 감사합니다.

그레그와 수전 리곤. 당신들은 차분하고 명쾌하고 창조적이에요. 당신들이 못하는 게 있긴 한가요? 궤도를 유지하게 해준 점, 정말 감사해요.

데이브 트리트. 당신은 다시 한번 이 프로젝트를 기도로 올려드렸죠. 당신의 고귀한 기도들이 응답되기를!

제니 패딜라와 마가렛 메키너스. 전화에 응대해주고 이메일에 답장해주고 책들을 책장에 꽂아주는 등 혼돈을 잠재워주죠.

브렛, 제나, 로지, 맥스, 안드레아, 제프, 새라. 이 가계도가 영원히 푸르고 왕성하며 점점 더 많은 열매를 맺기를! 사랑한다 애들아.

마지막으로 나의 신부, 데날린. 하나님께서 당신을 창조하실 때 바이올린 선율과 맛있는 와인을 사용하셨나 보오. 시간이 흐를수록 당신도 저들처럼 더욱더 달콤해지기를! 사랑하오.

한 번쯤은 세상에 혼자라고 느꼈던
당신을 위한 하나님의 기적들
You Are Never Alone

01

우리는 못 하지만
하나님은 하신다

"나는 혼자예요. 그리고 난 아무것도 아니라고요."

대화가 족히 한 시간은 흘렀을까? 그녀가 툭 내뱉듯 말했다. 병원 대기실 기계가 뽑아준 커피 두 잔을 사이에 두고 우리는 그렇게 있었다. 그녀의 커피엔 설탕이, 내 커피엔 우유 크림이 들어있었다. 왜소한 체구에 화장기 없는 얼굴, 헝클어진 머리카락. 티셔츠는 헐렁했고 구겨져 있었다. 난 그녀가 그 옷을 입고 잤을 거라 생각했다. 그녀는 쉴 새 없이 커피를 저었다. 플라스틱 막대로 돌리고 돌려서 작은 소용돌이를 만들었다. 마치 그녀가 지금 느끼는 감정처럼 영원히 돌고 도는 어쩔 수 없는 무력감 같았다.

열일곱 살 난 그녀의 아들은 1년, 어쩌면 더 오랜 기간 아편 중독과 싸우고 있었다. 그 시각 아이는 문 두 개 건너 45미터 떨어진 집중치료실에 있었다. 자동차 사고가 그를 병원에 데려다 놓았다. 나흘 동안의 강제 디톡스로 인해 그 아이는 의사들은 처방해주지 않을 약을 달라며 아우성치는 지경이 되었고, 결국 침대에 단단히 묶여버렸다.

앞서 말한 저 말이 그 엄마의 입에서 나오기까지 한 시간이 걸렸다. 그녀의 이야기에는 흐느낌과 멈춤의 반복과 깊은 한숨이 뒤섞여있었고, 1년 중 대부분 옆에 없었고 자녀 양육에도 전혀 도움을 주지 않은 전남편 얘기가 나올 때면 분노의 불꽃이 이글거렸다. 한 주 내내 아버지의 흔적은 볼 수 없었다. 그에겐 언제나 변명거리가 있었다. 결국 그 엄마는 이렇게 믿게 되었다. "나는 혼자예요. 그리고 난 아무것도 아니라고요."

그녀가 잔을 너무 꽉 쥐는 바람에 난 잔이 깨지는 줄 알았다.

당신도 그 감정을 아는가? 나락으로 처박히는 그 감정에 익숙한가? 아무도 신경 쓰지 않는다고, 아무도 도와주지 않고 들어주지 않고, 아무도 당신 전화에 주의를 기울이지 않는다고 확신하는가?

그 감정을 안다면 당신은 혼자가 아니다. 그 감정을 아는 사람이 당신만이 아니라는 말을 하는 게 아니다. 내 말은, 당신이 혼자가 아니라는 것이다. 이건 진짜다. 고립과 무기력이라는 어두운 날 것의 감정? 거기 머물지 말라. 상황이 당신에게 달렸는데 스스로 아무것도 아니라고 느낀다면 당신이 생각해 볼 몇 가지 사건들이 있다.

아니, 이렇게 말하는 게 낫겠다. 사도 요한이 당신에게 해줄 이야기가 있다. 요한은 여러 기적을 태피스트리로 짜 넣으면서 "오직 이것을 기록함은 너희로 예수께서 하나님의 아들 그리스도이심을 믿게 하려 함이요 또 너희로 믿고 그 이름을 힘입어 생명을 얻게 하려 함이니라"(요 20:31)라고 했다.

생명을 얻게 하는 믿음! 요한이 말하고자 하는 바가 바로 그것이다. 풍성하고 확고하며 회복력 있는 믿음. 우리는 믿을 때 생명을 얻는다. 우리 힘 이상의 힘을 발견한다. 우리 능력 이상의 업무를 완수한다. 우리 지혜 이상의 해결책을 찾아낸다.

믿음이란 신적 존재에 대한 존경의 표시 정도가 아니다. 믿음은 하나님을 신뢰할 때 생긴다. 살아계시고 사랑이 많으신 구주의 능력에 온전히 의지하겠다는 결심이다.

의지하는 만큼 '그 이름 안에 있는 생명'을 얻게 될 것이다. 그게 바로 기적의 목적이다. 요한은 "당신과 나는 절대로 혼자가 아니다"라는 약속을 믿게 하고자 기적을 이야기했다. 이건 그리스도께서 남기신 마지막 약속 중 하나가 아니던가? 예수님은 승천하시기 전에 제자들에게 이렇게 말씀하셨다. "내가 세상 끝날까지 너희와 항상 함께 있으리라"(마 28:20).

그 말씀은 요한에게 전부를 의미했을 것이 틀림없다.

그 이야기를 나누고 있는 노(老)사도의 모습을 그려보라. 그는 노인이다. 은빛 머리칼, 주름진 피부. 그럼에도 눈빛은 소망으로 가득하고 웃음소리로 방안을 가득 채울 수 있다. 그는 에베소에서 그리스도 제자들의 무리를 목양하고 있다. 1천6백 킬로미터 저편의 이야기, 예수님께서 그물을 내려놓고 자신을 따르라고 초청하셨던 60년 전 그날의 이야기를 그는 즐거이 말하고, 제자들은 즐거이 듣는다. 요한은 그랬다.

베드로도, 안드레도, 야고보도 그랬다. 그들은 지금 떠나고 없다. 그들의 사명을 다 이루고 생을 마친지 벌써 오래다. 오직 요한만이 남았다.

그리고 요한은 자기의 생에도 끝이 다가옴을 아는지 마지막 임무에 착수한다. 마가의 복음서가 널리 읽히고 있다. 마태와 누가 역시 그리스도의 생애에 관한 이야기를 엮었다. 요한도 그 일을 하고 싶다. 그런데 요한의 복음서는 다르다. 마가와 마태, 누가가 하지 않은 이야기를 할 것이고 이미 한 이야기에는 세부적인 것들을 덧붙이고자 한다. 요한은 복음서에 '기적'이라는 단면을 채택한다.

요한은 우리를 가나로 데려가 포도주를 맛보게 하고 가버나움으로 데려가 죽은 줄 알았던 아들과 포옹하는 아버지를 보여준다. 우리는 갈릴리에서 성난 폭풍을 느끼고 언덕에서는 배고픈 무리의 중얼거림을 듣는다. 앉은뱅이가 일어서고 맹인이 보게 되는 것을 지켜본다. 요한은 복음서를 마치기 전, 우리를 두 개의 무덤을 지나 한 개의 십자가로 안내하고 한 사도의 생애를 바꿔놓은 아침식사의 대화를 엿듣게 한다. 요한이 선택한 기적은 결혼식 참관에서 잔인한 처형까지, 주린 배에서 공허한 꿈까지, 버려진 소망에서 매장된 친구까지 두루 걸쳐 있다. 그래서 우리는 조심하고 또 조심해서 요한이 의도한 대로 기적을 보려고 애쓸 것이다. 역사서에 실린 사건이 아니라 하나님이 쓰신 플레이북(팀의 공수 작전을 그림과 함께 기록한 책 – 역주)의 한 표본으로 말이다.

이 모든 사건이 한 가지 목소리를 낸다. 당신의 눈을 들고 마음을 열어 가능성을 (정말이지 이건 진짜다) 보라는 것이다. 우주에서 가장 강한 힘이 당신에게 호의를 가지고 있고 당신에게 소망을 가져다줄 수 있다는 가능성을 말이다.

요한의 기록 목적은 우리에게 근사한 인상을 주기 위해서가 아니다. 그리스도의 부드러운 임재와 강력한 능력을 믿으라고 강권하기 위해서다. 이 기적의 몽타주는 "하나님이 하셨다!"라고 외치고 있다. 상황이 당신에게 달렸는데 아직도 스스로 아무것도 아니라고 생각하는가? 말도 안 되는 소리다. 하나님이 당신을 책임지신다.

당신은 당신이 생각하는 것보다 강하다. 하나님이 당신이 아는 것보다 더 가까이 계시기 때문이다.

예수님은 상처를 만지셨다. 소망의 말씀을 하셨다. 은총을 베푸셨다. 예수님의 기적에는 메시지가 있다. "내가 여기 있다. 내가 돌본단다"라는 것이다.

만약 예수님이 그저 자신의 신성을 드러내려 하신 것이었다면 한 줌 공기에서 새 떼를 만들어 내거나 나무들이 뿌리째 뽑혀 날아가게 하실 수 있었다. 작은 개울을 폭포로 만들거나 바위를 호박벌로 만드실 수도 있었다. 그런 업적이라면 그분의 능력을 증명했을 것이다. 하지만 예수님은 우리가 그 이상을 보기 원하셨다. 기적을 행하시는 하나님이 계신다는 사실, 그 하나님이 우리를 사랑하고 돌보시며 도우신다는 사실을 우리에게 보여주기 원하셨다.

바로 오늘 우리에게 필요한 메시지가 아닌가?

이 책은 자가격리의 산물이다. 나는 코로나바이러스 기간에 이 책을 완성했다. 몇 달 전, 이 책을 시작할 무렵 코로나19는 거의 알려지지 않았다. '사회적 거리두기'라든지 '방역수칙' 같은 표현은 매뉴얼에서나 찾아볼 수 있었지 우리의 일상용어가 아니었다. 하지만 모든 것이 변했다. 이 글을 쓰는 현재 수백만 명의 사람이 집으로 방으로 온라인으로 숨어 들어갔다.

코로나 위기는 이미 만연하던 고립과 우울이라는 유행병을 악화시켰다. 한 연구에 의하면 고독은 하루에 열다섯 개비의 담배를 피우는 것만큼이나 건강에 해롭다. 치매나 알츠하이머, 심장병, 면역체계 약화, 수명 단축 등을 야기할 수 있다고 한다.[1]

미국의 어느 대형병원의 관리자들은 응급실이 붐비는 주된 원인으로 고독을 꼽는다. 텍사스 댈러스에 있는 파크랜드병원은 시스템 장애를 해결하는 방법을 모색하던 중 놀라운 사실을 발견했다. 그들은 데이터를 분석하고 이용객 명단을 정리했다. 그렇게 해서 12개월 동안 네 개의 응급실을 5,139회 이용한 80명의 환자 명단을 추렸다. 그들로 인해 시스템에 들어간 비용은 162억 원 이상이었다.

일단 반복해서 방문하는 사람들의 이름을 확인한 후, 팀에게 그 사람들을 만나 원인을 밝혀내라는 임무를 주었다. 결론은? 고독이었다. 가난과 식량부족도 원인이었지만 결정적 요인은 고립감이었다. 응급실은 관심과 친절과 보살핌을 제공했다. 그러자 다수가 재방문했다. 그들은 누군가 자신에게 관심을 기울인다는 사실을 확인하고 싶었던 것이다.[2]

모두가 그렇지 않은가? 사도 요한은 그 '누군가'가 관심을 기울이신다는 사실을 우리가 알기를 원했다. 믿기를 원했다. 사랑이 많으신 하나님의 능력에 전심으로 의지하기를 원했다.

삶이 고갈된 것처럼 느낄 때, 하나님이 관심을 기울이실까?

여러 가지 도전들이 맹렬히 공격해올 때, 하나님이 도우실까?

인생이 어두워지고 폭풍이 몰아칠 때, 하나님이 아실까?

죽음의 공포에 맞닥뜨릴 때, 하나님이 나를 도우실까?

요한복음에 나오는 생명을 얻게 하는 기적에서 찾은 답은 쟁쟁하게 울리는 **예스**이다. 그런 기적들을 아는가? 능력뿐만 아니라 세상의 약한 자와 상처 입은 자에 대한 절절한 사랑까지 가지신 예수님을 믿는가? 고독한 대기실, 중독재활센터, 요양원에서 당신을 찾아내실 만큼 충분히 그분이 당신에게 관심을 기울이신다고 생각하는가?

최근에 나는 최고의 동행들과 함께 산책을 했다. 하나는 세 살짜리 손녀딸 로지이고, 또 다른 하나는 변함없이 충직한 개 앤디였다.

앤디는 우리 집 근처 마른 강바닥 탐험하기를 좋아한다. 그리고 로지는 앤디의 꽁무니를 뒤쫓는 것을 좋아한다. 로지는 자신이 앤디가 가는 곳 어디든 갈 수 있다고 생각하는 모양이다. 그래서 내가 도와주겠다고 하면 나를 거부한다. 로지 이 꼬마 아가씨는 어떤 면에서 자기 할머니를 닮았다. 그리하여 앤디가 길을 주도했다. 로지가 급하게 뒤를 쫓았고 나는 보조를 맞추려고 애를 썼다.

앤디가 덤불에서 생물체를 발견하고는 그 속으로 돌진해 들어갔다. 로지는 자기도 할 수 있다고 생각했나 보다. 앤디는 곧장 뚫고 갔으나 로지는 덤불에 걸리고 말았다. 나뭇가지에 피부가 상하자 로지는 울기 시작했다.

"맥스 할아버지! 저 좀 도와주실래요?"

내가 어떻게 했을까? 당신이 생각한 대로다. 나는 곧장 덤불 속으로 들어가 손을 뻗었다. 로지는 팔을 올려서 내가 자신을 꺼낼 수 있게 해주었다.

하나님도 당신을 위해 똑같이 하실 것이다. 당신은 단 한 순간도 혼자가 아니다. 도움이 없는 경우나 소망이 없는 경우는 없다.

삶이 엉망진창일 때, 당신과 나는 우리를 만나주실 그 '누군가'를 고대한다. 살아계시고 사랑이 많으시며 기적을 행하시는 하나님, 주저 없이 가시덤불 속에 들어오셔서 우리를 꺼내주실 하나님을 믿고 싶어 한다.

그것이 당신의 간절함이라면 요한이 전한 복음과 그리스도께서 행하신 기적들을 찬찬히 들여다보며 그들이 과연 바라던 바를 이루는지

보라. "오직 이것을 기록함은 너희로 예수께서 하나님의 아들 그리스도이심을 믿게 하려 함이요 또 너희로 믿고 그 이름을 힘입어 생명을 얻게 하려 함이니라"(요 20:31).

기적을 발견하는 묵상 질문

1. 당신은 기적에 대해 어떻게 생각하는가?

   - 성경 속 기적 이야기를 믿는가? 믿는다면 혹은 믿지 않는다면, 그 이유는?
   - 오늘날에도 기적이 일어난다고 믿는가?
   - 기적을 목격했거나 경험했던 적이 있는가? 만약 있다면, 설명해 보라.
   - 만약 없다면, 기적을 목격했거나 경험했다고 주장하는 사람을 알고 있는가? 그것은 어떤 내용이었는가?

2. 성경에 기록된 기적 중에서 당신이 좋아하는 기적은 무엇인가?

   - 그 기적에서 당신의 호기심을 불러일으키는 것은 무엇인가?
   - 그 기적은 타인을 향한 예수님의 마음에 대해 무엇이라고 말하는가?

3. 저자 맥스 루케이도는 요한복음의 독특한 점이 무엇이라고 말하는가? 당신이 만약 예수님의 제자였고 그분의 생애에 관해 당신만의 복음서를 기록했다면, 당신은 무엇에 초점을 맞추었겠는가? 그 이유는?

4. 요한복음 20장 30-31절은 "예수께서 제자들 앞에서 이 책에 기록되지 아니한 다른 표적도 많이 행하셨으나 오직 이것을 기록함은 너희로 예수께서 하나님의 아들 그리스도이심을 믿게 하려 함이요 또 너희로 믿고 그 이름을 힘입어 생명을 얻게 하려 함이니라"라고 말한다.

- 성경에 기록되지 않은 기적들을 잠시 상상해 보라. 치유받은 사람들, 용서받은 사람들, 구원받은 사람들을 상상해 보라. 그 장면 속에서 당신은 누구인가?
- 맥스에 의하면, '그 이름 안에 있는 생명'이란 무엇과 같은가?(19쪽 참고)

5. 그리스도의 기적들이 우리에게 약속하는 바는 또 무엇이 있는가?(21쪽 참고) 그것은 당신의 믿음에 어떤 영향을 주는가?

6. 맥스가 1장을 시작하며 묘사한 여인은 "나는 혼자예요. 그리고 난 아무것도 아니라고요"라고 말했다.

- 당신도 혼자라고 느껴본 적이 있는가? 만약 있다면, 어떤 상황(사건)이었는가?
- 그 고독이 당신과 당신의 믿음에 어떤 영향을 주었는가?
- 지금 같이 고독한 시기를 묘사하기에 적합한 단어는 무엇이라고 생각하는가?

7. 맥스는 댈러스의 파크랜드병원 연구 결과를 인용한다. 그 연구로 발견하게 된 것은 무엇이었는가?

- 당신은 그 정보에 어떤 반응을 보였는가? 그것이 당신을 놀라게 했는가? 그렇다면 혹은 그렇지 않다면, 그 이유는?
- 당신의 가족 혹은 당신이 살고 있는 도시나 이웃사회에서 고독을 목격한 적이 있는가? 예를 들어보자.
- 병원의 연구 결과에 따르면, 그 환자들이 궁극적으로 원한 것은 누군가 관심을 기울인다는 사실이었다. 그런 감정에 공감하는 방법은 무엇이 있을까?

8. 맥스는 묻는다. "능력뿐만 아니라 세상의 약한 자와 상처 입은 자에 대한 절절한 사랑까지 가지신 예수님을 믿는가? 고독한 대기실, 중독재활센터, 요양원에서 당신을 찾아내실 만큼 충분히 그분이 당신에게 관심을 기울이신다고 생각하는가?"

- 이 질문에 어떻게 대답하겠는가?
- 능력과 사랑을 갖추신 예수님에 대한 믿음으로 인도해준 개인적 경험이 있다면 무엇이었는가?

9. 빈칸을 채워보라. "그래서 우리는 조심하고 또 조심해서 요한이 의도한 대로 기적을 보려고 애쓸 것이다. _____에 실린 사건이 아니라 하나님이 쓰신 _____의 한 표본으로 말이다."(21쪽 참고)

- 위 문장을 설명해 보라.
- 이 책에서 예수님에 관해 무엇을 배우기를 소망하는가?
- 기적에 관해 무엇을 배우기를 소망하는가?
- 당신 자신에 관해 무엇을 배우기를 소망하는가?

10. 마태복음은 다음과 같은 예수님의 말씀으로 끝맺는다. "볼지어다 내가 세상 끝날까지 너희와 항상 함께 있으리라"(마 28:20).

- 당신이 예수님의 말씀에 귀를 기울이는 요한이라고 상상해 보라. 어떤 느낌이 들겠는가?
- 오늘날 저 약속은 당신에게 무엇을 의미하는가?

11. 요한복음 20장 30-31절을 다시 읽어보라.

- 당신에게 가장 의미 있는 부분은 무엇인가? 그 이유는?
- 요한의 약속, 곧 믿음이 '그 이름 안에 있는 생명'으로 인도한다는 약속에서 그가 전하려고 애쓰는 것이 무엇이라고 생각하는가?
- '그 이름 안에 있는 생명'은 당신에게 무엇을 의미하는가?

한 번쯤은 세상에 혼자라고 느꼈던
당신을 위한 하나님의 기적들
You Are Never Alone

02

삶이 앗아간 것을
하나님이 채우신다

그는 박식해 보이진 않았다. 지적으로 보이긴 했다. 뿔테안경에 회색 플란넬 정장 그리고 서류 더미가 있었으니 말이다. 그는 똑똑하고 조직적이며 어느 모로 보나 (그의 직업이 그에게 요구하듯이) 통계학자였다. 별나라 사람일까? 아니면 선지자? 신? 천리안을 가진 사람? 후광이나 수행하는 천사들은 없었다. 얼굴에 광채는 있었지만 그건 사무실 창문으로 들어오는 오후의 햇빛 때문인 것 같았다.

"어디 봅시다." 그래프와 보고서가 가득한 바인더를 휙휙 넘기면서 그가 말했다. "고객님들이 몇 살까지 사실 거냐면…." 한참을 찾아보더니 그가 이렇게 말했다. "직접 찾아보시려면 7쪽을 보세요." 우리가 따라가는 동안 그가 잠시 멈췄다. 내 손바닥엔 땀이 차기 시작했다. 데날린의 눈이 커졌다. 이제껏 우리에겐 지나간 날짜들만 있었다. 가령 우리 딸들의 출산 예정일, 대학 졸업일, 청첩장 날짜 같은 것들이었다. 그런데 사망일이라고? '데드라인'이라는 단어에 새로운 의미가 부여되었다. 우리가 그의 연구 결과를 알고 싶었을까?

그의 직업은 생명보험 설계사였다. 수화기 너머로 그는 이렇게 말했다. "고객님에게 필요한 것을 갖추셨는지 확인하려고 합니다."

그러기 위해서는 두 가지 정보가 필요했다. 우리가 얼마의 비용을 기꺼이 지불할 것인지와 이 땅에서 살날이 얼마나 남았는지였다. 나는 첫 번째를 알려줄 수 있었다. 그는 자기가 두 번째를 알려줄 수 있다고 말했다. 그리고 지금 우리에게 그 정보를 막 얘기하려던 참이었다. "만약 남편의 날짜가 이번 주면 어떡하겠소?" 내가 데날린에게 물었다. "난 주일 설교자를 조정해야겠지?" 아내는 웃지 않았다. 설계사도 웃지 않았다.

그는 호텔 직원이 예약 날짜를 되짚어주듯 평범한 어조로 말했다. "루케이도 부인, 우리와 2044년까지 함께 하시겠네요. 루케이도 씨, 당신이 떠나는 날짜는 2038년일 것으로 보입니다."

뭐, 그렇단다. 적어도 이제 우리는 알게 되었다. 나는 꼼짝없이 내 묘비에 대한 정보를 얻게 된 것이다. 나는 첫 번째 숫자를 안다. 1955이다. 다음 표시는 2.5센티미터의 하이픈이다(단순히 호기심 때문에 치수를 재본 적이 있다). 이제 나는 두 번째 숫자도 알게 되었다. 2038이다.

이 대화가 오고 갔던 때가 2018년이었다. 흠, 이제 나에겐 20여 년 밖에 남지 않았다. 요단강을 건너기까지 나는 내 여정의 4분의 3지점에 있었다. 이 새로운 정보로 무장된 나는 참지 못하고 나에게 남은 자원이 얼마인지 계산하고 말았다.

- 168,192,000회의 호흡 (많게 들리지만 이번 장의 도입 부분 초고를 쓰는 데만 2,000회 이상을 사용했다)
- 108,000회의 골프 스트로크 (아니면 그에 해당하는 열 번의 게임)
- 7,300일이라는 데날린이라는 잠자는 숲속의 미녀와 보낼 수 있는 밤 (나에겐 과분한 숫자이지만 내 바람보다는 훨씬 적다)

내 목록에는 남은 대통령 선거, 슈퍼볼, 여름 일몰, 블루보닛이 꽃피는 계절도 포함되어 있었다. 이 일은 우리가 쉽게 잊는 진리를 상기시켜 주었다. 우리는 다 써버리고 있다는 것이다. 하루하루를 바닥내고 있다. 우리가 태어나던 날, 모래시계는 돌이킬 수 없이 뒤집혔고 우리는 계속해서 우리의 자원을 고갈시키는 중이다. 어제 가졌던 것을 다시 갖지 못한다. 우리의 소비가 은행 잔고를 앞지르고 있다.

한 가지 짚고 가자면, 예수님의 첫 번째 기적 이면에 있는 논리를 설명하는 것도 이것이라고 생각한다. 예수님은 혼인 잔치에 계셨다. 어머니 마리아도 있었다. 그녀는 문제를 가지고 그리스도께 가서 말했다. "저들에게 포도주가 없다"(요 2:3).

내가 만약 그날의 당직 천사였다면 난 참견했을 것이다. 마리아와 예수님 사이를 날개로 가리고 그녀에게 아들이 맡은 사명을 상기시켜 주었을 것이다. "저분은 이런 시시하고 일상적인 업무를 처리하라고 이 땅에 보내심을 받은 게 아니에요. 우리는 저분에게 있는 기적의 능력을 아껴두었다가 죽은 자를 살리고, 나병 환자를 만지고, 귀신을 내쫓는 일에 써야 한다고요. 포도주가 없다고요? 예수님한테 징징거리지 마세요."

하지만 난 당직 천사가 아니었다. 그래서 마리아는 문제(텅 빈 포도주 항아리)를 해결해준 아들의 도움을 기적의 목록에 추가할 수 있었다. 1세기 팔레스타인 사람들은 잔치를 배설한다는 게 뭔지 알고 있었다. 결혼식과 피로연은 결코 하룻저녁에 끝날 일이 아니었다. 결혼식은 7일간 지속되었다. 음식과 포도주는 그 기간 내내 제공되어야 했다. 그래서 마리아는 종들이 항아리 바닥을 긁고 있는 것을 보고 걱정이 되었던 것이다.

웨딩 플래너의 부실한 계획을 탓하랴, 자기 몫 이상을 진탕 마셔버린 손님들을 탓하랴, 서른 명의 제자들을 데리고 나타나신 예수님을 탓하랴. 포도주가 부족하게 된 원인은 알 수 없다. 하지만 그 결핍이 어떻게 채워졌는지는 안다. 마리아가 문제를 알리자, 그리스도께서는 주저하셨다. 마리아는 결정을 맡겼고, 예수님은 재고하셨다. 드디어 그분이 명령하셨다. 종들은 순종했고 맹세코 물이라고 할 수 있는 것을 연회장에게 갖다주었다. 연회장은 맛을 보더니, 입술을 핥고 잔을

빛에 비추어보았다. 그리고는 최고급 포도주를 마지막 건배를 위해 아껴두었다고 말했다. 종들은 연회장을 포도주가 입구까지 찰랑거리는 여섯 돌항아리로 안내했다. 포도주가 떨어진 혼인 잔치에 갑자기 포도주가 넘치게 되었다. 마리아는 아들을 보고 미소 지었다. 예수님은 어머니를 향해 잔을 드셨다. 그리고 우리에게는 다음 메시지가 남았다. 우리의 공급이 줄어들고 있을 때, 아무리 보잘것없는 문제라도 하나님은 그 문제를 중요하게 여기신다는 것이다.

내게는 이 진리와 관련해서 흥미로운 간증 거리가 있다. 살면서 제정신이 아닌 짓을 참 많이도 했는데, 이것도 그중에 하나였다. 나는 트라이애슬론 하프 코스에 참가했었다. 그 경주는 1.9킬로미터의 수영, 90킬로미터의 사이클, 21킬로미터의 마라톤으로 구성되어 있다. 나이 오십이 된 목사가 왜 그런 무모한 도전을 했을까? 내 아내는 여전히 궁금해한다. (걱정 마시라. 몸에 붙는 수영복을 입지는 않았으니까!)

세 경기를 치르는 동안, 나는 내 생애에 걸쳐 가장 이상한 기도를 했다. 네 사람이 경기를 위해 함께 플로리다로 갔는데, 친구 하나가 인디애나 출신의 참가자를 같이 가자고 초대한 것이었다. 미리 말하지만, 난 그 세 명의 참가자만 알고 있었다. 그리고 거기에는 내가 알지 못하는 참가자들이 적어도 이백 명이 있었는데, 이것이 내 간증에서 매우 중요한 사실이다.

내가 수영을 마쳤을 때, 마지막에는 죽은 게 아니라면 적어도 죽은 것과 다름없거나 거의 죽을 지경이였다. 나는 자전거에 올라타서 세

시간짜리 이동을 시작했다. 사이클 코스의 3분의 1쯤 왔을 때, GU를 꺼내려고 셔츠 주머니에 손을 넣었다. GU란 스포츠 활동 시 먹기 편하게 만들어진 에너지 젤이다. 그런데, GU를 깜빡한 사람이 누굴까? 갈 길이 족히 48킬로미터나 남은 상황에서 나는 GU 없이 남겨졌다. 트라이애슬론 코스 어디에서도 GU를 파는 편의점은 찾을 수 없다.

당신과 마찬가지로 나 역시 평생 수없이 많은 기도를 드렸다. 죽음을 앞둔 아픈 이들을 위해 기도했고 태어난 아기들을 위해 기도했다. 마음이 상한 자들, 집을 잃은 자들, 가정이 깨어진 자들을 위해 기도했다. 하지만 GU를 위해 기도한 적은 한 번도 없었다. 그런데 내가 무엇을 했을까? GU가 없다는 건 맥스같이 나이 든 친구에겐 더 이상 전진할 수 없음을 의미했다.

그래서 나는 기도했다. 숨을 헉헉대며 페달을 밟는 중간마다 "주님, 앞으로 영원히 이런 요청을 들을 일이 없으실 거예요. 하지만 제 현재 상황은….".

GU가 하늘에서 떨어졌을까? 뭐, 어느 정도는 그렇다고 할 수 있다. 인디애나에서 온 사람, 내 친구의 친구, 전 경기장에서 내가 아는 유일한 세 명 중 하나, 그가 갑자기 내 뒤에서 속도를 올리며 나타나는 일이 '발생'했다.

"어이, 맥스! 잘 돼가요?" 그가 물었다.

"어, 문제가 있어요."

그는 내게 GU가 없다는 얘기를 듣자 자기 셔츠 주머니에 손을 넣어

에너지 젤 세 팩을 꺼내고는 말했다. "저한테 많아요!" 그는 그것들을 건네주고는 유유히 사라졌다.

당신이 어떻게 생각할지 잘 알고 있다. **루케이도 목사님, 그건 기도 응답 중에서도 시시한 예잖아요. 제가 직면하는 문제는 질병, 빚, 해고의 위협, 슬럼프 같은 거라고요. 그런데 목사님은 경기 중 GU처럼 가벼운 걸 얘기하시네요.**

그게 바로 핵심이다.

정말이지, 예수님의 핵심도 바로 그거라고 난 생각한다. 포도주가 떨어진 결혼식이 뭐 그리 중요할까? 지구상의 많고 많은 필요들 중에 왜 술 없는 술통이 중요했을까? 간단하다. 그것이 예수님께 중요했던 이유는 그것이 마리아에게 중요했기 때문이다. 예수님께서 만약 사회적 결례의 문제를 해결해주기 위해 신적 영향력을 기꺼이 사용하셨다면, 삶의 더 무거운 문제에는 얼마나 더 기꺼이 간섭하시겠는가?

예수님은 당신의 필요(모든 필요)를 그분께 가져와도 된다는 것을 당신이 알기 원하신다. "아무것도 염려하지 말고 다만 **모든 일에** 기도와 간구로, 너희 구할 것을 감사함으로 하나님께 아뢰라"(빌 4:6).

모든 일(큰일만이 아니다)에서 당신의 요청사항을 알려드려라.

마리아가 그 본보기다. 마리아는 필요를 그리스도께 알려드렸다. "저들에게 포도주가 없다." 야단법석을 떨지도 않았고 걱정만 하지도 않았다. 그녀는 문제를 알았고 공급원도 알았다. 그녀는 전자와 후자를 연결시켰다.

내 아이들도 그렇게 했다. 아이들은 자기에게 필요한 것을 필요한 순간에 정확히 나에게 말해주는 법을 알고 있었다. 나는 아이들에게 "오늘 저에게 좋은 아버지가 되어주세요, 아빠"라거나 "좋은 부모의 이름으로 선포하오니, 당신은 저의 깊은 갈망에 응답해주셔야 합니다"라는 식의 전화를 받아본 적이 없다.

내가 받은 전화는 "저 좀 태워주실래요?"라든가 "용돈 좀 주세요." 혹은 "친구랑 밤새워 놀아도 돼요?" 아니면 "제 숙제 좀 도와주실래요?" 그리고 "아빠는 어쩜 그렇게 똑똑하고 현명하고 잘생기셨어요?" 정도다.

알겠다. 마지막 질문은 사실 왜곡일 수 있다. 핵심은 내 딸들이 명확한 요청을 했다는 것이다. 내가 그 요청에 뒷걸음질 쳤을까? 아이들이 본인들의 필요를 정확하게 말했다고 해서 내가 모욕을 느꼈을까? 물론 아니다. 난 그 아이들의 아빠였다. "아빠를 의지해요"는 그 아이들이 당연히 쓸 수 있는 화법이었다. 그 필요에 관심을 기울이고 자녀의 요청에 응답하는 것은 아버지의 몫이다.

그래서 묻겠는데, 당신은 구한 적이 있는가? 당신의 결핍을 기도로 바꾼 적이 있는가? 예수님은 당신의 정확한 필요에 대한 응답을 준비하실 것이다. 하나님은 패스트푸드 요리사가 아니다. 특수한 상황에 대한 맞춤형 은총을 베푸실 수 있는 능숙한 셰프다. 사람들이 온갖 병자들을 그리스도께 데리고 나아왔을 때, "예수님은 그들에게 **일일이 손을 얹어 고쳐 주셨다**"(눅 4:40, 현대인의성경).

만약 예수님이 그러기로 선택하셨다면, 구름 떼 같은 치유의 은총이 사람들 위에 한꺼번에 쏟아지게 하실 수 있었을 것이다. 하지만 예수님은 프리사이즈를 제공하는 구주가 아니시다. 예수님은 각 사람에게 일일이 개별적으로 손을 얹으셨다. 각각의 독특한 필요를 인지하시고 그에 맞는 은총을 베푸셨다.

정확한 기도는 그리스도께 그분의 사랑과 관심에 대한 의심을 깨끗이 없앨 기회를 드리는 것이다. 당신의 문제는 그분의 돌파구가 된다. 당신이 직면한 도전이 그리스도께서 그분의 정교한 작업을 증명할 수 있는 캔버스가 된다. 그러니 그저 기도하고 그 문제를 그리스도께 맡기라.

다시 마리아가 우리의 본보기다. 마리아가 예수님과 어떻게 주고받았는지를 주의해서 살펴보라. 3절에서 마리아는 그 필요를 알려드린다. "저들에게 포도주가 없구나." 4절에서 예수님은 의아하게도 그 요청을 받아들이지 않으신다. "여자여 나와 무슨 상관이 있나이까 내 때가 아직 이르지 아니하였나이다"(요 2:4).

예수님은 틀림없이 계시의 시기를 염두에 두고 계셨는데, 가나에서의 그날은 의도된 때가 아니었던 것이다. 예수님은 순수하게 결혼을 축하하려는 목적으로 혼인 잔치에 가셨다. 그날 해야 할 목록에 '물을 포도주로 바꾸기'는 없었다. 천사들도 최초의 기적을 보기 위해 정렬해 있지 않았음이 분명한 게, '제1호 기적 담당 천사 위원회'의 입장에서는 최초의 기적이 더 늦은 일정으로 잡혀있었기 때문이다.

그래서 마리아의 간청은 예수님의 주저하심과 마주하게 되었다.

당신도 똑같은 상황에 놓인 적이 있을 것이다. 3절에 당신을 이입해 보면, 당신은 자신의 결핍을 알려드렸다. 포도주가 없다, 시간이 없다, 힘이 없다, 비전이 없다고 말이다. 바늘이 '비었음'을 가리켰다. 탱크는 바닥을 드러냈다. 은행 잔고는 마이너스를 보이고 있었다. 당신은 3절에서 자신의 상황에 대해 간청했다. 그러자 대답으로 4절이 돌아왔다. 침묵이었다. 한밤중 도서관처럼 조용했다. 응답이 없었다. 마이너스 잔고는 여전했다. 이때 당신의 5절은 뭐라고 적혀 있는가?

마리아의 5절은 다음과 같이 말할 수도 있었다.

"그녀는 노기가 가득하여 쿵쿵거리며 가버렸다."

"그녀는 더 이상 아들을 믿지 않는다고 선포했다."

"그녀는 '네가 나를 사랑한다면 내 기도에 응답할 게다'라고 말했다."

"그녀는 '너를 위해 빨래와 요리를 했던 지난 모든 세월에 대한 보답이 이거니?'라고 말했다."

하지만 마리아의 5절은 이렇게 말한다. "그의 어머니가 하인들에게 이르되 너희에게 무슨 말씀을 하시든지 그대로 하라 하니라"(요 2:5).

번역하면 무슨 말인가? "예수님께 권한이 있다. 난 아니다." "예수님이 세상을 통치하신다. 난 아니다." "예수님이 미래를 보신다. 난 아니다." "난 예수님을 신뢰한다. 그분이 너희에게 무슨 말씀을 하시든지 그대로 하라"이다. **무슨 말씀을 하시든지**는 말 그대로 '무엇이든지'이다. 그분이 무엇을 말씀하시든지, 그분이 무엇을 명령하시든지 말

이다. 설령 그분의 '무엇이든지'가 **아무것도 하지 않음**일지라도, 그대로 하라.[1]

마리아는 그리스도께서 그 결혼식의 왕이심을 분명히 했다. 그분의 머리에 왕관을 씌워드리고 어깨에 예복을 걸쳐드리는 것도 좋았을 것이다. 예수님과 함께 30년을 살며 터득한 게 있다면, 예수님은 자신이 무엇을 하는지 아신다는 점이었다. 그녀에게 있는 믿음은 예수님께서 그녀의 요구대로 정확하게 행하실 것이라는 믿음이 아니었다. 옳은 일을 정확하게 행하실 것이라는 믿음이었다. 예수님에 대한 그녀의 믿음은 "그분이 '예스'라고 말씀하시면 정말 좋은데, '노'라고 말씀하셔도 좋아"라고 말할 수 있는 힘을 주었다.

마리아의 명쾌한 믿음 속에 있는 무언가로 인해 예수님은 계획을 바꾸셨다.

거기에 유대인의 정결 예식을 따라 두세 통 드는 돌항아리 여섯이 놓였는지라 예수께서 그들에게 이르시되 항아리에 물을 채우라 하신즉 아귀까지 채우니 이제는 떠서 연회장에게 갖다주라 하시매 갖다주었더니(6-8절).

항아리 여섯이면 (놀라지 말라) 756개의 포도주병을 만들 수 있었다![2] 내파(Napa, 미국 캘리포니아주의 중서부에 있는 도시로서 포도지 생산지로 유명함-역주)도 놀랄만한 생산량이다.

연회장은 물로 된 포도주를 맛보고도 어디서 났는지 알지 못하되 물 떠 온 하인들은 알더라 연회장이 신랑을 불러 말하되 사람마다 먼저 좋은 포도주를 내고 취한 후에 낮은 것을 내거늘 그대는 지금까지 좋은 포도주를 두었도다 하니라(9-10절).

그리스도의 기적은 그저 포도주를 풍성하게 만든 것만이 아니라 양질의 포도주를 풍성하게 만든 것이었다.

요리용 포도주로도 충분했을 것이다. 편의점 포도주로도 손님들의 기대를 충족시켰을 것이다. 화요일 밤에 피자와 함께 마실 수 있는 보통의 포도주로도 마리아는 만족했을 것이다. 하지만 예수님은 그걸로 만족하지 않으셨다. 우리가 우리의 필요를 그분께 알려드리며 그분께서 옳은 일을 하실 거라고 믿을 때, 강력한 일이 일어난다. 예수님은 "우리 가운데서 역사하시는 능력대로 우리가 구하거나 생각하는 모든 것에 더 넘치도록 능히 하실"(엡 3:20) 분이시다.

우리가 할 일은 그저 믿는 것이다. 예수님이 모든 상황의 왕이심을 믿는 것이다. 그러므로 당신의 특수한 요청을 그분께 알려드려라. 그리고 그분께서 당신이 원하는 일이 아닌 최선의 일을 하실 것을 믿으라. 그것이 무엇인지 깨닫기도 전에 당신은 당신의 요청을 들으시는 분께 경의를 표하며 축배를 올리고 있을 테니 말이다.

어쨌거나 당신이 만약 2038년 언저리에도 살아 있다면, 우리의 수명 예측가 친구가 자기가 한 일을 깨달았는지 알려주도록 하겠다.

◆─ 기적을 발견하는 묵상 질문 ───────────────

1. 요한복음 2장 1–12절에 나온 예수님의 첫 번째 기적 이야기를 읽으라.

    • 그 기적의 목적이 무엇이라고 생각하는가?

2. 장면을 상상해 보자.

    • 그 이야기 속 손님들의 결핍은 무엇이었는가?
    • 마리아가 포도주의 부족을 예수님께 가져가야 할 만큼 긴급한 문제로 여긴 이유가 무엇이라고 생각하는가?
    • 마리아가 저들에게 포도주가 없다고 예수님께 말씀드렸을 때 예수님의 첫 번째 반응은 어땠는가?

3. 처음에 예수님은 그 기적을 행하기를 주저하시며 "여자여 나와 무슨 상관이 있나이까 내 때가 아직 이르지 아니하였나이다"(요 2:4)라고 말씀하셨다. "내 때가 아직 이르지 아니하였나이다"의 의미는 무엇이었는가?

4. 이에 대한 마리아의 반응은 하인들을 향해 "너희에게 무슨 말씀을 하시든지 그대로 하라"(요 2:5)고 지시하는 것이었다.

    • 당신이 보기에, 마리아는 예수님에 대해 어떻게 이해하고 있었는가?

5. 맥스는 마리아의 믿음에 대하여 이렇게 말했다. "**무슨 말씀을 하시든지**는 말 그대로 '무엇이든지'다. 그분이 무엇을 말씀하시든지, 그분이 무엇을 명령하시든지, 설령 그분의 '무엇이든지'가 **아무것도 하지 않음**일지라도, 그대로 하라."

- 당신은 '무엇이든지'가 무슨 의미일지 염려되어서 당신의 필요를 예수님께 가져오기를 주저했던 적이 있는가? 그런 적이 있다면, 그 필요는 무엇이었는가?

6. 빈칸을 채우라. "아무것도 염려하지 말고 다만 _____ 기도와 간구로, 너희 구할 것을 감사함으로 하나님께 아뢰라"(빌 4:6). 이 구절에 기초할 때, 기도로 하나님께 가져와서는 **안 되는** 것은 무엇인가?

7. 바로 지금 당신에게 결핍된 것은 무엇인가? 시간? 건강? 돈? 그 결핍이 당신의 일상과 인간관계와 신앙에 어떤 영향을 끼치고 있는가?

- 그 필요를 그리스도께 가져온 적이 있는가? 있다면 혹은 없다면, 그 이유는?
- 그 필요를 기도로 그리스도께 가져갔다면, 그에 대한 응답은 무엇이었는가?
- 가져가지 않았다면, 무엇이 당신을 머뭇거리게 하였는가?

7. 결국 그날 밤 예수님은 결혼식 손님들의 필요를 채우셨다. 예수님께서 기적으로 만든 포도주를 제공하기로 결정하신 데에 대한 맥스의 해설은 무엇인가?(37쪽 참고)

8. 예수님께서 만드신 포도주의 품질은 어떠했는가?(요 2:9-10 참고)

- 예수님은 그보다 적은 양의 포도주를 만드실 수도 있었다. 품질이 떨어지는 포도주를 만드실 수도 있었다. 연회장의 말에 따르면, "사람마다 먼저 좋은 포도

주를 내고 취한 후에 낮은 것을 내거늘 그대는 지금까지 좋은 포도주를 두었도다"(요 2:10). 아마도 많은 사람이 그날 밤의 포도주가 얼마나 좋았는지를 알아채지 못했을 것이다. 그런데도 왜 예수님은 그런 식으로 기적을 행하셨는가?

- 이 이야기는 예수님께서 당신의 필요에 어떻게 응답하실지에 관하여 무엇을 말해주는가?

9. 바울은 에베소교회에 쓴 편지에서 "우리 가운데서 역사하시는 능력대로 우리가 구하거나 생각하는 모든 것에 더 넘치도록 능히 하실 이에게 교회 안에서와 그리스도 예수 안에서 영광이 대대로 영원무궁하기를 원하노라 아멘"(엡 3:20-21)이라고 썼다.

- 사랑하는 사람에게 그가 요청한 것보다 더 많이 주었던 경험이 있는가? 손자 손녀에게 쿠키 한 개를 줄 것을 두 개를 주거나, 아들에게 주유비로 필요한 돈에 더해 음료수 값을 주거나, 친구를 태워주고는 커튼이 닫히고 잠들 때까지 주변을 서성였던 적이 있을 것이다.
- 당신은 왜 넘치도록 주었는가? 요청한바 이상을 하게 된 이유가 무엇이었는가? 그렇게 할 때 당신의 기분은 어땠는가?
- 당신이 인간으로서 가진 자원을 동원하여 주변 사람들에게 넘치도록 줄 수 있다면, 온 우주의 하나님은 당신이 당신의 필요를 그분께 가져갈 때 당신에게 무엇을 주실 수 있다고 생각하는가?

한 번쯤은 세상에 혼자라고 느꼈던
당신을 위한 하나님의 기적들
You Are Never Alone

03

기도하고 응답받기까지의
긴 여정

빌 어윈은 애팔래치아트레일(미국 동부에 북동-남서 방향으로 뻗어 있는 애팔래치아산맥의 하이킹용 길-역주)을 걸은 최초의 인물이 아니었다. 조지아주 스프링어산에서 시작해 메인주 커타딘산으로 마무리한 유일한 인물도 아니었다. 다른 모험심 가득한 사람들이 이미 3,500킬로미터를 걸었고, 눈과 비와 더위를 견뎠으며, 땅바닥에서 잠을 잤고, 걸어서 냇물을 건넜으며, 추위에 몸을 떨었다. 빌 어윈은 그런 위업을 달성한 최초의 인물이 아니었다. 하지만 그가 시각장애인으로서 그 일을 해냈다는 점에서는 최초였다.

1990년에 그가 하이킹을 시작했을 때, 그의 나이는 오십이었다. 알코올중독에서 회복한 신실한 그리스도인이었던 그는 고린도후서 5장 7절을 암송하고는 그것을 자기 목표로 삼았다. "이는 우리가 믿음으로 행하고(walk, ESV) 보는 것으로 행하지 아니함이로라." 그리고 말 그대로 그는 해냈다. 지도도, GPS도, 나침반도 사용하지 않았다. 어원과 셰퍼드 한 마리와 험한 산지뿐이었다. 그는 오천 번을 넘어졌다고 계산했는데,[1] 이는 8개월 동안 하루 평균 스무 번씩 넘어진 것이다. 그는 저체온증과 싸우고, 갈비뼈가 부러지고, 손과 무릎은 셀 수 없이 까였다.[2]

하지만 그는 해냈다. 보는 것이 아닌 믿음으로 걷는 여정을 해냈다.

당신도 마찬가지다. 애팔래치아 길에서는 아니겠지만, 인생이라는 길에서는 그렇다. 당신은 걷고 있다. 조지아에서 메인으로 가는 여정이 아니다. 훨씬 더 멀고 가파른 여정을 가고 있다. 기도하고 응답받기까지의 긴 여정을 말이다.

- 간구에서 찬양까지의 여정
- 무릎을 꿇는 데에서 손을 드는 데에까지의 여정
- 두려움의 눈물에서 기쁨의 눈물까지의 여정
- "도와주세요, 주님"에서 "감사합니다, 주님"까지의 여정

당신은 그 길을 아는가? 의심의 구름으로 인해 얼마나 어두워지는지? 절망이라는 초대받지 못한 동행이 얼마나 따라다니는지? 당신이

이에 공감한다면, 다음 이야기가 얼마나 큰 격려가 될지 모른다.

> 예수께서 다시 갈릴리 가나에 이르시니 전에 물로 포도주를 만드신 곳이라 왕의 신하가 있어 그의 아들이 가버나움에서 병들었더니 그가 예수께서 유대로부터 갈릴리로 오셨다는 것을 듣고 가서 청하되 내려오셔서 내 아들의 병을 고쳐 주소서 하니 그가 거의 죽게 되었음이라(요 4:46-47).

그 아버지는 헤롯 궁정에서 높은 지위에 있는 사람이었다. 이방인이었던 것으로 보인다. 오늘날로 치자면, 백악관 비서실장이나 최고위 각료 정도 될 것이다. 그는 높은 자리를 차지했고 집안 가득히 종들을 거느렸다. 하지만 그런 건 전혀 중요하지 않았다. 왜냐하면 그에겐 병든 아들이 있었기 때문이다. 그 아들은 아이(요 4:49)라고 불릴 만큼 아직 어렸다.

높은 신분의 귀족이었기 때문에 자기 아들을 고치기 위해 당연히 최고의 의사들을 불러왔을 것이다. 하지만 아무도 고치지 못했다. 그의 아들은 여전히 사경을 헤맸다. 돈이 능사가 아니다. 지위도, 부도, 질병과 죽음으로부터 그 주인을 지켜낼 수 없다. 분명 그 아버지는 자기 아들이 건강을 되찾을 수만 있다면 그가 가진 지위와 부도 다 주었을 것이다.

그는 가버나움에 살았다. 그곳은 어촌이었고 예수님의 활동 근거지 역할을 했다. 베드로의 집도 거기 있었다. 예수님은 그곳의 회당에서 가르치셨다. 어느 마을 주민이 근심에 빠진 그 아버지에게 "나사렛 예수에게 아들을 고쳐달라고 부탁해 봐요. 치유하는 능력이 있대요"라고 제안했으리라 상상하는 것은 어렵지 않다. 예수님은 가버나움에서 유명인이셨다.

하지만 지금 예수님은 30킬로미터나 떨어진 가나라는 마을에 계셨다.3)

그 신하는 출발했다. 열이 나는 아들의 이마에 입을 맞추고 걱정하는 아내에게 다짐하고는 갈릴리 바다를 따라 남서쪽으로 향했다. 그 여정을 위해서는 음식과 계획과 호위부대가 필요했다. 새벽녘에 출발했다면 해 질 녘에야 가나에 도착할 것이었다. 정오에 출발했다면 여관에서 1박을 하거나 방을 빌려야 했을 것이다. 어찌 되었건, 그는 여정을 즐기거나 풍경을 감상하거나 누군가를 방문 할 여유가 없었다. 가나에서 예수님을 만났을 때, 그 신하는 몹시 고단했을 뿐만 아니라 근심에 싸여있었을 게 틀림없었다.

"그가 … 가서 청하되 내려오셔서 내 아들의 병을 고쳐주소서 하니 그가 거의 죽게 되었음이라"(요 4:47). 요청은 단도직입적이고 긴급했다. 그는 자신의 지위, 신분, 직함 따위를 언급하지 않았다. 그리스도의 사역에 재정 지원을 하겠다고 약속하지도 않았다. 그는 자신이 하나님의 도우심을 받을만한 가치가 있다고 밝히지 않았다. 그저 절박한 아버지로서 그리스도께 나아왔다.

그는 예수님께 가버나움에 와달라고 **간청했다.** 나는 그가 무릎을 꿇었으리라 상상해본다. 어쩌면 땅에 머리를 조아렸을 수도 있다. 자기와 함께 돌아가 아들을 고쳐달라고 예수님께 애원했을 것이다. 그는 요청만 했던 게 아니었다. 계획도 가지고 있었다. 그의 마음속에는 두 사람이 가나에서 가버나움으로 나란히 걸어가서 죽어가는 아들 옆에 서는 것까지의 계획이 있었다.

그리스도의 반응이 우리를 놀라게 한다. "너희는 표적과 기사를 보지 못하면 도무지 믿지 아니하리라"(요 4:48).

이런, 나는 저렇게 뻣뻣한 반응이 나올 줄은 몰랐다. 그렇잖은가? 우리는 요한복음을 통틀어 유일하게 이 기적에서만 예수님께서 "조심하라"라고 말씀하시는 걸 듣게 된다. 예수님은 조건부 믿음에 대해 노란색 주의 깃발을 흔드셨다. 조건부 믿음이란 **만약 …라면 믿을 거야** 혹은 **…할 때 믿을 거야**라고 말하는 신앙이다.

무엇이 예수님의 이런 반응을 불러왔을까? 어쩌면 갈릴리인들의 태도 때문이었을 수도 있다. 그들은 수행단을 줄줄이 데리고 도착한 신하에게 주목했다. 그의 아들이 죽어가고 있다는 것과 예수님의 도움을 간청하러 왔다는 계획도 알게 되었다. 그들은 아이를 걱정해서가 아니라 기적에 매료되어 예수님을 좇았다. 어쨌든 이곳은 가나였으니, 물과 포도주 기적에 관한 소문이 거리에 나돌았을 것이다. 어쩌면 능력이 드러나는 것을 다시 한번 보고 싶었는지도 모르겠다. "그리스도시여, 어서요." 그들의 존재는 그들의 속마음을 드러냈다. "당신의 능력을 우리에게 보이시라고요."

아니, 어쩌면 예수님께서 그 아버지의 요청에서 조건부 믿음을 보셨을 수도 있다. 그 사람은 도움을 요청했을 뿐만 아니라 그 도움이 행사될 방법까지도 제시했다. "가버나움에 내려오셔서 내 아들의 병을 고쳐주소서"라고 말이다. 그는 고위 관리로서 지시를 내리는 데에 익숙했다. 부하들에게 무엇을 할지, 어떻게 할지를 명령했다. 그는 예수님께도 똑같이 하고 있었던 걸까? 그리스도께서 특정한 방식으로 기도에 응답해주기를 바랐다는 점에서 그리스도를 믿는 그의 믿음은 조건부였을까?

이유가 어찌 되었건, 그리스도께서는 경고가 필요하다고 느끼셨다. 첫 번째 기적에서 예수님은 마리아의 무조건적인 '무엇이든지'의 믿음에 보답하셨다. 두 번째 기적에서 예수님은 사람들의 조건부 믿음에 대해 경고하셨다. 조건부 믿음은 길바닥에 분필로 쓴 것과 같은 믿음이다. 해가 비출 때는 아름답지만 비가 오면 씻겨가고 없다.

그 아버지는 경고에 반응하지 않았다. 그의 마음은 타들어 가는 것 같았다. 어떤 이들이 기적을 요구한다는 사실을 두고 논쟁하지 않았다. 그가 원한 것은 그저 긴급한 과제에 초점을 맞추는 것이었다. "신하가 이르되 주여 내 아이가 죽기 전에 내려오소서"(요 4:49).

그의 간청이 이보다 더 진심 어릴 순 없었다. 그의 목표가 이보다 더 명확할 순 없었다. "지금 당장이요!"

그러자 예수님이 대답하셨다. "예수께서 이르시되 가라 네 아들이 살아 있다 하시니"(4:50).

이토록 좋은 소식이라니! 아니, 좋은 소식이었을까? 예수님은 그 사람의 기도에 응답하셨다. 아니, 응답하신 걸까? 그 신하는 기뻐해야 했다. 아니, 어쩌면 아닐 수도 있었다. 그 사람은 예수님께 자기와 함께 가버나움에 가달라고 요청했다. 그러나 예수님은 "가라 네 아들이 살아 있다"라고 말씀하셨다.

이것이 그 아버지에게는 진실의 순간이다. 길고 긴 여정을 떠날 순간이다. 기도는 가나에서 올려드렸다. 그 기도가 가버나움에서 응답이 될까? 알 수가 없었다. 그는 선택해야 했다.

어쩌면 그 신하는 급히 방향을 돌려 믿음의 매직 카펫을 타고 집으로 날아왔을지도 모르겠다. "죽어가던 내 아들이 살았다!"라고 외치며 하이파이브를 하며 돌아왔을 수도 있다. 그날 밤 아기처럼 잠들었다가 다음 날 아침 기쁨에 겨워 잠에서 깼을 수도 있다. 태양은 빛났고, 하늘은 푸르렀다. 그는 가버나움으로 돌아오는 길에서 껑충껑충 뛰고 휘파람을 불었을 수도 있다.

그렇다면 그는 나보다 더 나은 사람이다. 나라면 예수님의 대답에 침을 꿀꺽 삼켰을 것이다. 우선 그리스도를 한 번 쳐다보고, 그다음엔 길을 쳐다봤을 것이다. 그리고 다시 그리스도와 길을 번갈아 보면서 말했을 것이다. "진짜요, 예수님? 저와 함께 가실 순 없나요? 제 아내가 요리를 참 잘하는데요. 제가 예수님을 모시고 가겠다고 말해두었거든요. 제발 저랑 같이 가시지 않겠어요?"

가버나움에 도착했는데 아들이 좋아지지 않았다면 어떡할까? 그 아버지가 다시 메시아를 찾아내기도 전에 그분이 다른 도시로 가버리신다면 어떡할까?

그는 결정을 내렸다. "그 사람이 예수께서 하신 말씀을 믿고 가더니"(요 4:50). 그는 그리스도께서 하신 말씀을 믿었다.

내려가는 길에서 그 종들이 오다가 만나서 아이가 살아 있다 하거늘 그 낫기 시작한 때를 물은즉 어제 일곱 시에 열기가 떨어졌나이다 하는지라 그의 아버지가 예수께서 네 아들이 살아 있다 말씀하신 그 때인 줄 알고 자기와 그 온 집안이 다 믿으니라 이것은 예수께서 유대에서 갈릴리로 오신 후에 행하신 두 번째 표적이니라(51-54절).

종들에게서 온 좋은 소식이 그 아버지의 좋은 질문과 만났다. "몇 시에 낫기 시작했느냐?" "한 시입니다." 예수님께서 아들이 살아 있다고 말씀하신 바로 그 시각이었다.

예수님은 원거리 치유도 해내셨다. 기적은 아이의 생명뿐만 아니라 온 집안을 구원하는 믿음에서도 일어났다. 그게 바로 예수님께서 계획하셨던 바가 아닐까? 물론 육체의 치유는 말로 다 표현할 수 없는 선물이었다. 그렇지만 그 아들은 결국 죽었다. 나는 갈릴리에서 2천 년이나 살았다는 사람을 본 적이 없다. 예수님께서 기적을 통해 주신 생명은 짧았다. 그러나 예수님께서 기적을 통해 주신 믿음은 영원했다. 그 온 집안이 예수님을 믿었고, 그 믿음으로 영원한 생명을 얻었다.

당신은 어떤가? 가나와 가버나움 사이의 어딘가에서 자신을 발견하는가? 그 신하처럼, 당신도 진심 어린 기도를 드렸다. 예수님께 도움을 간청했다. 그리고 그 신하처럼, 당신이 원하는 방식대로 응답을 받지 못했다. 그 결과, 당신은 한 걸음 한 걸음 최선을 다해 옮기며 순종의 길 위를 걷고 있다.

이것은 '아직 응답받지 못한 기도'의 문제다. 다른 말로, '내가 구한 대로 응답받지 못한 기도'의 문제다. 우리가 플랜A를 요청하는데 그리스도께서 플랜B로 응답하실 때 우리는 어떻게 반응해야 할까? 빌 어윈이 애팔래치아 길을 걸었던 것처럼 우리 인생길을 걸어갈 힘을 어떻게 발견할 수 있을까? 이토록 해결책을 볼 줄 모르는 우리가 어떻게 믿음으로 행할까?

내가 조심스레 이 주제를 다루어도 될까? 해답을 제시하기 전에 먼저, 그 질문을 논의해야 해서 마음이 아프다고 말해도 될까? 당신에게 '곧 응답받을 기도'가 있다니 마음이 아프다. 일자리가 나타나지 않았고, 배우자가 사과하지 않았고, 암이 전이되었다니 마음이 아프다. 당신이 가나와 가버나움 사이에 있다니 마음이 아프다. 인생에 어둡고 눅눅한 순간이 있다는 것이 마음 아프다.

게다가 그리스도께서는 이생에서 모든 고통을 제거하지 않으신다.

다르게 말해준 사람이 있었는가? 하나님께서 오직 푸른 하늘과 무지개와 햇살만을 허락하신다고 장담했던 사람이 있었는가? 그들이 잘못 말해준 거다. 성경을 맨 앞의 목차부터 맨 끝의 지도까지 읽어

보아도, 이생에서의 고통 없는 삶에 대한 약속은 전혀 찾을 수 없다.

하지만 다음과 같은 확언은 찾을 수 있을 것이다. "내가 결코 너희를 버리지 아니하고 너희를 떠나지 아니하리라"(히 13:5).

그 아버지는 가버나움에 도착해서 놀라운 발견을 했다. 예수님의 임재와 능력이 자기보다 앞서 그곳에 왔던 것이다. 그는 자기가 홀로 그 길을 걸어왔다고 생각했을 것이다. 정반대다. 그리스도께서는 초자연적으로 그 신하의 집에 가셔서 그 아들을 치유하셨을 뿐만 아니라 온 집안의 마음을 얻으셨다.

그 아버지의 기도는 응답되었는가? 당연하다. 그가 요청했던 것보다 더 위대한 방법으로 응답되었다.

당신의 기도도 마찬가지다. 이생에서 응답받을 수도 있다. 내생에서 당신을 기다리고 있을 수도 있다. 둘 중 어떤 방법이든지, 이번 이야기는 당신과 나에게 "환난 때에 언제나 돕는 분"(시 46:1, 현대인의성경)이신 하나님을 믿고 긴 여정을 걸어가도록 강권하고 있다. 저 구절, 너무 좋지 않은가?

하나님은 **언제나** 계시는 도움이시다. 상황에 따라 임시로 도우시는 게 아니다. 당신은 결코 우선순위에서 뒤로 밀리거나 나중에 확인해 보겠다는 말을 듣게 되지 않을 것이다. 그분은 결코 너무 바쁜 분이 아니다. 무언가에 정신이 팔리지도 않으시고, 선약 때문에 출타 중이지도 않으시다.

하나님은 언제나 **계신다**. 당신의 호흡 바로 옆에 계신다. 당신의 피부보다도 가까이에 계신다. "내가 주의 영을 떠나 어디로 가며 주의 앞에서 어디로 피하리이까 내가 하늘에 올라갈지라도 거기 계시며 스올에 내 자리를 펼지라도 거기 계시니이다"(시 139:7-8). 중독치료클리닉이라고? 하나님은 거기 계신다. 감방이라고? 하나님은 거기 계신다. 그분께서는 어떤 중역회의실도 우월하지 않고, 어떤 사창가도 저속하지 않다. 어떤 궁궐도 호화롭지 않고, 어떤 초막도 평범하지 않다. "그는 우리 각 사람에게서 멀리 계시지 아니하도다"(행 17:27).

그리고 언제나 계시는 하나님은 우리를 **도우신다**. 해하거나 상하게 하거나 방해하기 위해서가 아니다. 그분은 돕기 위해 여기 계신다. 그것이 바로 이번 기적이 전하는 메시지다.

당신의 하루하루가 엄동설한에 애팔래치아 산길을 걷는 것 같다고 느껴지는가? 그저 한 걸음을 떼어 다른 발 앞에 놓는 것이 할 수 있는 전부인가? 만약 그렇다면, 난 당신에게 강권한다. 기다리라! 버티라! 포기하지 말라! 도움이 여기 있다. 그 도움은 당신이 요청한 방식대로, 혹은 당신이 바라는 만큼 빠르게 오지 않을지도 모른다. 하지만 분명히 온다. 선한 일을 이루실 거라고 믿으라. 내일로 가는 문이 안에서부터 열린다. 손잡이를 돌려라. 그리고 발을 내디디라.

몇 년 전, 아내와 나는 텍사스 힐 컨트리에 있는 제럴드 존스의 집에서 저녁식사를 했다. 제럴드 존스라는 이름은 모를 수 있지만, G. 하비(G. Harvey)라는 예명은 들어본 적이 있을 것이다. 그는 미국의 훌륭한 화가 중 하나다.

그의 집은 G. 하비 작품 수집가에겐 꿈이었다. 벽마다 원작들이 걸려 있었고, 액자마다 완벽 그 자체였다.

집 뒤편에는 스튜디오가 있었는데, 미완성 그림들이 있는 작업실이었다. 특히 그리다 만 캔버스들이 많았다. 머리가 없는 사람들. 봉우리가 없는 산들. 나는 미술 전문가와는 거리가 먼 사람이지만, 이런 나조차도 화가에게 그 사실을 지적할 정도로 어리석지는 않았다. 내가 "이봐요, 제럴드, 이 나무는 절반만 완성됐네요" 혹은 "이 말의 다리 그리는 걸 잊었군요"라고 말했다면 얼마나 근시안적이겠는가.

화가의 작업이 아직 끝나지 않았다.

전능하신 예술가의 작업도 아직 끝나지 않았다. 이 땅은 그분의 스튜디오다. 이 땅의 사람들은 각각 그분의 프로젝트다. 이 땅의 사건들은 각각 그분의 위대한 벽화의 일부다. 그분의 작업은 아직 끝나지 않았다. "너희 안에서 착한 일을 시작하신 이가 그리스도 예수의 날까지 이루실 줄을 우리는 확신하노라"(빌 1:6).

인생에는 가나에서 가버나움으로 가는 여정들이 참 많다. 기도하고 응답받기까지의 긴 여정들이다. 예수님은 그 아들의 아버지에게 그 길의 끝에 확실한 은총이 있다고 약속하셨다. 예수님은 우리에게도 동일하게 약속하신다.

우리가 천국에 가면 그 아버지를 만나게 될 텐데, 그러면 나는 그의 여정에 대해 물어보고 싶다. 그가 느꼈던 감정과 생각을 알고 싶다. 하지만 무엇보다도 나는 "그 사람이 예수께서 하신 말씀을 믿고 가더니"(요 4:50)라는 구절로 영감을 불어넣어 준 것에 대해 감사하고 싶다.

이같이 하라. 하나님의 약속을 북극성으로 삼고 나침반을 고정하라. 지친 발걸음을 한 걸음씩 옮기라. 예수님께서 이미 말씀하셨다. 그분의 말씀이 목적한 바를 이루시게 하라. 바로 당신을 본향으로 인도하는 것이다.

◆─ 기적을 발견하는 묵상 질문 ───────────

1. 당신은 기도 응답을 기다리고 있는가? 당신의 기도제목을 설명하고, 당신에게 기다림의 시간을 주시는 하나님의 이유가 무엇일지 생각해 보라.

2. 당신이 길 위에 있다고 상상해 보라. 출발지는 당신이 올려드린 기도다. 목적지는 응답된 기도다. 오늘 당신은 길의 어느 지점에 있는가? 당신에게 이 여정은 어떠한가?

3. 요한복음 4장 46-47절을 읽으라.

    • 가버나움에서 가나까지의 거리는 얼마였는가?(50쪽 참고)
    • 왜 그 신하는 예수님을 보기 위해 그렇게 먼 거리를 이동했다고 생각하는가?
    • 하나님께 무언가를 간구한 적이 있는가? 그것이 무엇이었는가?
      간절히 구할 만큼 필사적이었던 이유는 무엇인가?
    • 하나님께서 당신이 원하는 대로 기도에 응답하지 않으셨다면, 그것이 당신의 믿음에 영향을 끼쳤는가? 그렇다면 혹은 그렇지 않다면, 그 이유는?

4. 요한복음 4장 48절에서 예수님은 그 신하의 간청에 어떻게 반응하셨는가?

    • 맥스는 예수님의 반응에 대한 이유로 어떤 가능성을 제시하는가?(51쪽 참고)
    • 요한복음 4장 49절에서 그 신하는 예수님께 어떻게 반응했는가?
      당신이라면 그렇게 반응했겠는가? 그렇다면 혹은 그렇지 않다면, 그 이유는?

5. 요한복음 4장 50절은 "예수께서 이르시되 가라 네 아들이 살아 있다 하시니 그 사람이 예수께서 하신 말씀을 믿고 가더니"라고 말한다.

- 가나에서 가버나움 집에 이르는 30킬로미터의 여정을 가면서 당신이라면 어떤 감정과 생각을 겪었을 것 같은가?
- 처음 기도제목을 올려드렸던 이래로 이제까지 이어지는 당신의 여정에서 당신은 어떤 감정과 생각을 겪어왔는가?
- 당신의 여정과 그 신하의 여정에는 무슨 차이가 있는가?

6. 당신의 경험에 기초해서 당신은 다음 질문에 어떻게 답하겠는가? "이토록 해결책을 볼 줄 모르는 우리가 어떻게 믿음으로 행할까?"

7. 시편 46편 1절은 "하나님은 우리의 피난처시요 힘이시며 환난 때에 언제나 돕는 분이시다"(현대인의성경)라고 말한다.

- 환난 때에 하나님은 우리에게 어떤 종류의 도움을 공급하시는가?
- 하나님의 '언제나 계심'을 깨닫게 된 때를 설명해 보라. 어떻게 그분의 임재를 경험했는가? 그 경험이 당신의 힘과 확신과 기쁨에 어떻게 영향을 끼쳤는가?
- 만약 당신이 언제나 계시는 하나님을 경험해 보지 못했다면, 친구 혹은 사랑하는 이가 환난 중에 당신 곁에 있었는가? 환난 중에 그 사람의 존재가 당신에게 어떤 격려가 되었는가?

8. 요한복음 4장 51-53절에서 그 신하의 나머지 이야기를 읽으라.

- 그 신하의 아들을 치유하는 일 외에도 기적은 무엇을 성취하였는가?
- 기도하고 응답받기까지의 여정에서 당신이 생각한 것보다 더 큰 목적을 본 적이 있는가?
- 혹은 하나님의 기도 응답을 기다리는 동안 하나님께서 다른 계획을 보여주신 적이 있는가? 만약 그렇다면, 그 계획에 대해 당신은 처음에 어떻게 반응했는가? 지나고 나니 그 계획 안에서 그분의 목적을 발견하는가?

9. 예수님께서 그 신하에게 말씀하셨다. "가라 네 아들이 살아 있다"(요 4:50). 그 신하는 어떻게 반응하였는가? 당신은 비슷한 방식으로 예수님께 어떻게 반응할 수 있겠는가? 기다림의 여정 앞에 무엇이 있을지 모르는 상태에서, 하나님께서 당신의 바람대로 응답하실지 모르는 상태에서, 어떻게 예수님의 말씀을 믿고 당신의 여정을 지속할 수 있을까?

You Are Never Alone

한 번쯤은 세상에 혼자라고 느꼈던
당신을 위한 하나님의 기적들
You Are Never Alone

04

일어나, 네 자리를 들고, 걸어가라

　　티모시 시프리아니의 아이디어는 단순했다. 통풍관을 통해 피자 레스토랑에 들어가서 금전등록기를 훔치고 다시 기어올라가 밖으로 나오는 것이었다. 그 계획은 어그러졌다. 그가 그동안 피자를 너무 많이 먹었던 건지, 아님 통풍관이 너무 좁았던 건지, 그가 끼어버렸기 때문이다. 그는 튀김기 위에 대롱대롱 매달리고 말았다. 다리를 천정 밖으로 매달고는 도와달라고 소리쳤다. 경찰이 와서 그를 내려놓는 데까지 삼십 분이 걸렸다.

　　옴짝달싹 못 한다는 건 끔찍한 일이다. 중국 안후이에서 롤러코스터를 탔던 열여덟 명의 사람들에게 한번 물어보라. 궂은 날씨 때문에 놀이공원의 롤러코스터가 꼭대기에서 멈췄고, 열여덟 명의 이용객들은 뒤집힌 채로 삼십 분이나 정지해 있었다! 모두가 구조되었지만 여섯 명은 병원에 실려 갔다.

중국어로 "토할 거 같아"가 뭘까?

그런가 하면, 장쑤 성 사람들은 "냄새가 고약해!"를 어떻게 말할까?

그건 핸드폰을 변기에 빠뜨린 사람이 한 말이었다. 구조원들은 변기 위로 몸을 구푸리고 있는 그를 발견했는데, 그의 팔은 어깨까지 변기에 잠겨있었다. 구조원들은 그를 꺼내기 위해 변기를 부숴야만 했다.[1]

그 전화가 그럴만한 가치가 있었기를 바란다.

당신이 통풍관이나 롤러코스터 아니면 변기에 끼어 꼼짝 못 해봤을 가능성은 적지만, 당신은 분명 그런 경험이 있다. 진퇴양난에 빠져 도저히 탈출할 수 없었던 경험. 분노의 수렁에 빠져, 빚더미에 눌려, 궁지에 몰려, 도저히 풀 수 없는 갈등의 늪이 허리까지 차올라, 꼼짝할 수 없었다. 경청하지 않는 부모에, 변하지 않는 직원들에 막혀버렸다. 가혹한 상사에, 고질적인 중독에 갇혀버렸다.

- 꼼짝 못 하다(stuck).

베데스다 연못가의 한 남자는 **꼼짝 못 하다**라는 단어를 사용하진 않았지만, 충분히 사용할만 했다. 38년 동안 연못가에 있었던 건 그와 그가 앉은 자리, 마비된 그의 몸뿐이었다. 그리고 아무도 그를 도와주지 않았기 때문에 그는 아무 도움도 얻을 수 없었다.

그는 정말이지, 의문의 여지없이, 명백하게 꼼짝할 수 없었다.

그 후에 유대인의 명절이 되어 예수께서 예루살렘에 올라가시니라 예루살렘에 있는 양문 곁에 히브리 말로 베데스다라 하는 못이 있는데 거기 행각 다섯이 있고 그 안에 많은 병자, 맹인, 다리 저는 사람, 혈기 마른 사람들이 누워 물의 움직임을 기다리니 이는 천사가 가끔 못에 내려와 물을 움직이게 하는데 움직인 후에 먼저 들어가는 자는 어떤 병에 걸렸든지 낫게 됨이러라 거기 서른여덟 해 된 병자가 있더라(요 5:1-5).

그들은 비참한 광경을 만들어냈을 게 틀림없다. 모여있는 많은 사람들. 눈먼 사람, 다리 저는 사람, 손발 마른 사람 등. 하나같이 낙심한 얼굴로 치유의 물이 움직일 때 연못에 들어갈 기회를 기다리고 있었다.[2]

베데스다는 가로 120미터, 세로 50미터, 깊이 15미터의 큰 연못이었다.[3] 다섯 개의 행각(같은 간격으로 배열된 기둥으로 받친 지붕이 덮인 보도-역주)은 병자들을 태양으로부터 보호하기 위해 지어졌다. 전쟁터의 부상병들처럼 허약하고 미미한 자들이 연못가로 모여들었다.

우리는 오늘날에도 여전히 그런 광경을 본다. 시리아 난민캠프의 배를 곯는 난민들. 방글라데시 거리의 치료받지 못한 채 방치된 병자들. 중국의 돌봄 받지 못하는 고아들. 주목받지 못하는 가난한 자들, 환영받지 못하는 이민자들, 그들은 여전히 모여든다. 센트럴파크에, 시립병원에, 동네 술집에. 고통과 괴로움이라는 공통점을 가진 무리가 옹기종기 모여든다.

당신은 마음의 눈으로 그들을 볼 수 있는가?

또한, 이것이 더 중요한데, 당신은 그들 중에 거니시는 예수님을 볼 수 있는가?

도우시고 치유하시는 복음서 이야기는 전부 "예수께서 모든 도시와 마을에 두루 다니사 … 모든 병과 모든 약한 것을 고치시니라 무리를 보시고 불쌍히 여기시니 이는 그들이 목자 없는 양과 같이 고생하며 기진함이라"(마 9:35-36)라는 놀라운 약속을 받아들이도록 우리를 초청한다.

예수님은 비참한 이들에게로 이끌리셨다. 그리고 특히 그날에, 예수님은 베데스다 연못으로 이끌리셨다. 그분은 그 불행한 무리를 보며 어떤 감정을 느끼셨을까? 그들의 호소를 들으며 어떤 생각을 하셨을까? 그분이 지나가실 때 그들은 그분의 옷자락을 만졌을까? 그분은 그들의 얼굴을 쳐다보셨을까? 슬프고 가련한 장면이다. 예수님께서 바로 그 장면의 한복판으로 들어가셨다.

그분의 시선은 기적의 주인공에게 머물렀다. "거기 서른여덟 해 된 병자가 있더라 예수께서 그 누운 것을 보시고 병이 벌써 오래된 줄 아시고 이르시되 네가 낫고자 하느냐 병자가 대답하되 주여 물이 움직일 때에 나를 못에 넣어 주는 사람이 없어 내가 가는 동안에 다른 사람이 먼저 내려가나이다"(요 5:5-7).

"네가 낫고자 하느냐?"라니 병자에게 이 얼마나 이상한 질문이란 말인가?

1977년 나는 병자들을 방문하고 있었다. 나의 첫 번째 사역은 '목회 인턴십 프로그램'이었는데, 거기에는 미주리주 세인트루이스에 있는 병원들을 정기적으로 방문하는 일이 포함되어 있었다. 그날 이래로 나는 수백 명, 아니 수천 명의 환자들과 이야기를 나눴다. 교회에서, 병원에서, 요양원에서, 호스피스 시설에서. 만성질환과 급성 유행병을 위해 기도해주었다. 오일을 발라주었고, 죽어가는 이들의 손을 잡아주었으며, 속삭이듯 기도해주었다. 때로는 목소리를 높이기도 했고, 병상 옆에 무릎을 꿇기도 했으며, 성경을 읽어주었고, 근심 어린 가족들과 자리를 지키기도 하였다. 하지만 나는 단 한 번도 병자들에게 "낫고 싶습니까?"라고 묻지 않았다.

　왜 예수님은 그런 질문을 하셨을까? 우리에게 있는 유일한 단서는 "예수께서 그 누운 것을 보시고 병이 벌써 오래된 줄 아시고"(6절)라는 구절이다. 그는 병자로 2년이 모자라는 40년을 살았다. 38년이라니. 히브리인들이 광야에서 방황했던 시간과 거의 맞먹는다. 그리스도께서 "네가 낫고자 하느냐?"라고 질문하신 것은 바로 그런 상태로 지속된 시간 때문이었다.

　예수님의 말투는 어떠셨을까? 긍휼히 여기는 목자셨을까? 떨리는 목소리로 부드럽게 물으셨을까? 어쩌면 그러셨을 수도 있다.

　하지만 난 그렇게 생각하지 않는다. "예수께서 … 병이 벌써 오래된 줄 아시고"라는 구절은 나로 하여금 다르게 생각하게 만든다. 게다가 그 남자의 반응을 보면 확신할 수 있다.

병자가 대답하되 주여 물이 움직일 때에 나를 못에 넣어 주는 사람이 없어 내가 가는 동안에 다른 사람이 먼저 내려가나이다(7절).

정말? **아무도** 너를 도와주지 않는다고? 다른 사람이 **항상** 너보다 먼저 내려간다고? 38년 동안 연못 가까이로 조금도 움직이지 못했다고? 아무에게도 도와달라고 설득하지 못했다고? 38년인데 정말 아무 진전이 없었다고?

그런 맥락에서 그리스도의 질문은 엄한 말투를 띈다. **네가 낫기를 원하느냐?** 아니면 병든 채로 있는 게 좋으냐? 여기에 있는 게 나을 수도 있지. 콩과 베이컨을 살 만큼의 동전이 네 깡통에 있구나. 나쁘지 않은 일자리야. 게다가 낫는다는 건 괴로운 일일 수도 있어. 낫는다는 건 일어서서, 일자리를 얻고, 일하러 가야 한다는 것을 의미하니까. 삶을 사는 거거든. 너는 정말 낫기를 원하느냐?

바로 이것이 그때 그리스도께서 물으신 질문이다. 그리스도께서 우리 모두에게 물으시는 질문이기도 하다.

네가 원하느냐, 술 끊기를? 카드빚 갚기를? 교육 받기를? 관계가 회복되기를? 좋은 몸매 갖기를? 과거를 극복하기를? 더 성장하기를? 더 강하고 건강하고 행복해지기를 원하느냐? 베데스다를 백미러에 두고 떠나고자 하느냐? 새로운 날, 새로운 방법을 맞이할 준비가 되어 있느냐? 꼼짝할 수 없던 상태로부터 벗어날 준비가 되어 있느냐?

아하, 바로 그거다. 그 단어다. 바로 그 표현이다.

벗어나다.

옮겨지다.

놓이다.

자유롭게 되다.

가게 되다.

풀리다.

인생에 진전이 없으면 '꼼짝없이 갇혔구나'라고 느끼게 된다. 10년 전에 직면했던 것과 같은 좌절감과 싸울 때. 혹은 1년 전에 마주했던 것과 동일한 두려움과 씨름할 때. 같은 고민거리와 습관을 깨달을 때. 베데스다가 영구적인 주소가 되어버릴 때. 마치 당신보다 앞서 모든 이가 연못에 들어가고 아무도 당신을 도와주지 않는다고 느낄 때 말이다.

그게 바로 당신이라면 이 기적의 약속에 주목하라. 예수님은 당신을 보신다. 베데스다가 당신의 인생 같은가? 그것 때문에 다른 사람들이 당신을 피하는가? 예수님께서 당신 인생의 한복판으로 걸어오신다. 그분께는 곧 이루어지길 기다리는 새로운 버전의 당신이 있다. 그분은 그 남자에게 하셨던 말씀을 당신에게 하신다. "일어나 네 자리를 들고 걸어가라"(요 5:8).

일어나라. 뭔가를 하라. 행동을 취하라. 전화를 걸어라. 일자리에 지원하라. 상담사에게 손을 내밀라. 도움을 구하라. 급진적으로 되라.

네 자리를 들어라. 과거와 깨끗이 이별하라. 술을 넣어둔 수납장을 비워라. 싸구려 소설책을 버려라. 나쁜 무리와 어울리기를 관둬라. 나쁜 습관 같은 남자친구와의 교제를 끊으라. 핸드폰과 컴퓨터에 포르노를 걸러주는 필터를 설치하라. 부채 상담사를 찾아가라.

그리고 **걸어가라.** 신발의 끈을 바짝 매고 땅에 발을 내딛어라. 선한 일을 이루실 하나님을 기대하라. 새로운 목적지에 시선을 고정하고 걷기 시작하라. 벗어난다는 것은 떠나는 것을 즐거워 하는 것이다.

베데스다의 기적이 보내는 초대장에 주의를 기울이라. 당신을 믿고 계신 예수님을 믿으라. 그분은 당신이 일어날 수 있다고, 자리를 들 수 있다고, 걸어갈 수 있다고 믿으신다. 당신은 당신이 생각하는 것보다 강하다. "여호와의 말씀이니라 너희를 향한 나의 생각을 내가 아나니 평안이요 재앙이 아니니라 너희에게 미래와 희망을 주는 것이니라"(렘 29:11).

분명히 말하지만, 그분은 베데스다의 걸인에게 밝은 미래를 주셨다. "그 사람이 곧 나아서 자리를 들고 걸어가니라"(요 5:9). 예수님은 아무 일도 하지 않으시고 다만 말씀하셨을 뿐이지만, 기적은 이루어졌다.

그분은 1981년, 바바라 스나이더에게도 동일하게 행하셨다. 그녀는 7년간 걷지 못했다. 고등학교 시절 체조선수였으나, 다발성경화증이 그런 결과를 가져오고 말았다. 그녀는 문이고 벽이고 부딪히기 시작했다. 이후 16년은 위기의 연속이었다. 배변 조절 능력을 상실했다. 눈은 실명이나 다름없었다. 기관절개술을 받았는데, 집에 있는 병상에 누워 지낼 수밖에 없었고 6개월의 시한부 인생을 선고받았다.

해럴드 아돌프는 2만5천 회의 수술을 집도한 의사였지만, 그녀를 '내가 본 환자 중에 가장 절망적인 환자 중 하나'라고 했다.

하지만 그때 그리스도의 명령이 임했다. 한 친구가 무디 바이블 크리스천(Moody Bible Christian) 라디오방송국에 전화해서 그녀의 치유를 위해 기도를 부탁했다. 450여 명의 청취자가 그녀의 교회에 편지해 자신들이 기도하고 있다고 했다.

1981년 오순절 주일, 바바라의 이모가 그 편지들 중 일부를 골라서 바바라에게 읽어주기 위해 가져왔다. 바바라가 그 편지들을 경청하던 중에 그녀는 자기 뒤에서 어떤 남자의 목소리를 들었다. "나의 딸아, 일어나 걸어라!" 방 안에 남자는 없었다. 한 친구가 바바라가 불안해하는 것을 눈치채고는 그녀의 목에 뚫린 구멍을 막아서 바바라가 말을 할 수 있게 해주었다. "하나님께서 방금 내게 말씀하시길, 일어나 걸으라고 하셨어. 그분이 정말 하나님이신 걸 난 알아! 어서 가서 가족들을 불러줘. 가족들이 여기 함께 있으면 좋겠어!"

가족들이 왔다. 다음에 무슨 일이 일어났는지는 그녀의 외과의사였던 토머스 마셜의 설명을 들어보자. "그녀는 말 그대로 침대 밖으로 튀어나왔고 산소호흡기를 제거했어요. 그녀는 수년 동안 자기를 지탱하지 못했던 다리로 서 있었죠. 그녀의 시력은 돌아왔고 … 손과 발을 자유롭게 움직일 수 있었어요."

그날 밤 바바라는 휘튼감리교회 예배에 참석했다. 그녀가 중앙통로를 걸어 내려가자, 사람들이 박수를 치기 시작했고 마치 지휘자가 지

휘를 시작한 것처럼, 사람들은 "어메이징 그레이스"를 부르기 시작했다.[4]

그리스도께서 일하셨다. 그리스도께서 기적을 행하셨다. 그리스도께서 간섭하셨다. 하지만 설령 그렇다 해도, 바바라는 믿어야 했다. 일어나 걸어야 했다.

당신도 마찬가지다. 나도 마찬가지다.

내가 우리 교회에 이 메시지를 선포했을 때 한 성도가 나에게 편지를 썼다. 그는 성금요일에, 내가 나눴던 어느 초등학교 교사 이야기가 생각났다고 했다. 그 교사는 학생들에게 자기가 할 수 없을 것 같은 일들을 다 적어보라고 했다. 그 목록들은 상자에 담겨 마당에 묻혔다. 학생들은 할 수 없는 일들을 치워버림으로써 할 수 있는 일에 초점을 맞출 수 있었다.

편지를 쓴 성도는 그 설교를 떠올렸다. 그는 자기 아내가 몇 개월 전에 암으로 세상을 떠났다는 이야기를 들려주었다. 부활절을 앞둔 주말을 보내면서 슬픔이 그를 산산조각 냈다. 아내가 마지막으로 했던 일 중에 마당에 양귀비 씨앗을 심은 일이 있었다. 씨앗은 결국 싹을 틔우지 않았다.

그는 양귀비 씨앗을 심었던 그 땅을 한 차원 높은 목적으로 사용하기로 결심했다. 성금요일 예배를 마치고 집에 돌아온 그는 '내가 할 수 없는 일들'의 목록을 작성했다. 예를 들어 "나는 자넬의 죽음을 극복할 수 없다," "나는 다시는 사랑할 수 없다," "나는 내 일을 직면할 수 없다" 등이다. 토요일 아침, 그는 그 목록을 양귀비 씨앗이 있는 그 땅에 묻었다. 내게 쓴 편지에서 그가 말하길, "짐이 벗어졌습니다. 저는 말로 설명할 수 없는 평안과 안도의 감정을 느꼈어요."

다음에 무슨 일이 일어났는지, 그가 쓴 편지를 직접 들려주고 싶다.

다음날 아침, 부활절이었죠. 저는 '내가 할 수 없는 일들'이 담긴 상자를 묻은 곳에 가보기로 결심했습니다. 거기에서 묵상하고 기도하고 싶었거든요. 상자를 묻었던 곳을 향해 다가가면서 저는 깜짝 놀라고 말았죠. 글쎄, 거기에는 남실바람에 흔들리는 양귀비 한 송이가 있었답니다! 저는 경이로움에 압도되고 말았어요![5]

하나님께서 홀아비가 된 자의 마음에 소망을 부활시켜주셨다. 하나님께서 바바라 스나이더의 육신을 치유해주셨다.

하나님께서 당신을 위해서는 무엇을 하실까? 난 말할 수 없다. 기적을 예측할 수 있다고 주장하는 사람들은 정직하지 못하다. 하나님의 도우심은, 늘 계시는 한편, 늘 특별하다. 하나님께서 하실 일에 대해 말하는 것은 우리 몫이 아니다. 그분께서 무언가를 행하실 거라고 믿는 것이 우리가 할 몫이다. 그저 일어나, 자리를 들고, 걸어가는 것이 우리에게 떨어진 몫이다.

예수님은 그 명령에 대해 아주 진지하시다. 예수님은 방금 고침 받은 그자를 성전에서 보시고는 "보라 네가 나았으니 더 심한 것이 생기지 않게 다시는 죄를 범하지 말라"(요 5:14)라고 말씀하셨다. 타성에 젖는 것, 그것은 죄다! 침체에 빠져 아무 일도 하지 않는 것, 그것은 심각한 죄로 간주된다.

당신에게 베데스다는 더 이상 없다. 엉망진창 속에서 깨어나고 잠자러 가는 반복은 더 이상 없다. 하나님은 당신의 변속기에서 중립기어를 제거하셨다. 그분은 전진하는 하나님, 내일의 하나님이시다. 당신의 자서전에 새로운 장을 쓰실 준비가 되어 계시다.

요한복음의 그 남자는 38년을 기다리고 있었지만, 하나님께서 그를 축복하시자 그는 다른 날을 기다리지 않았다. 그는 기다릴 수도 있었을 것이다. 솔직히 말해서 나는 그가 계속 기다렸을 거로 생각한다. 그의 변명을 들어보면, 나는 그가 영원히 꼼짝하지 않았을 거라는 생각이 든다. 하지만 그리스도께서 오셨고, 물으셨고, 명령하셨다. 그것이 그가 다른 날을 기다리지 않겠노라고 확신하게 했다.

그와 같이 하자. 주님께 여쭈어라. "더 나은 내일을 향해 저를 이끌기 위해 오늘 제가 무엇을 할 수 있습니까?" 대답을 들을 때까지 계속 여쭈어라. 그리고 일단 대답을 듣게 되면 그대로 하라.

일어나, 네 자리를 들고, 걸어가라.

◆─ 기적을 발견하는 묵상 질문 ─────────────

1. 4장의 첫 부분에서 맥스는 우리는 누구나 꼼짝 못 해본 경험이 있을 거라고 말한다. "분노의 수렁에 빠져, 빚더미에 눌려, 궁지에 몰려, 도저히 풀 수 없는 갈등의 늪이 허리까지 차올라, 꼼짝할 수 없었다."

   - 오늘 당신의 삶에는 꼼짝 못 하게 되었다고 느끼는 영역이 있는가?
   - 만약 그렇다면, 어떤 식으로 꼼짝 못 하게 되었는가?
     얼마나 오랫동안 그렇게 느껴왔는가?
   - 당신은 왜 그 삶의 영역에서 꼼짝을 못 하고 있는가?

2. 마태복음 9장 35-36절은 "예수께서 … 모든 병과 모든 약한 것을 고치시니라 무리를 보시고 불쌍히 여기시니 이는 그들이 목자 없는 양과 같이 고생하며 기진함이라"고 말한다.

   - 위 구절에 나오는 무리와 같이 느껴본 적이 있는가? 문제가 너무 커서 무엇을 할지, 어디로 갈지 몰랐던 경험 말이다. 만약 그렇다면, 그 경험이 당신에게 어떻게 느껴졌는지 설명해 보라.
   - 오늘 당신의 삶에서 (혹은 과거의 경험에서) 꼼짝 못 하게 된 영역을 생각해볼 때, 당신은 어디에서 도움을 구할 수 있겠는가?

3. 요한복음 5장 1-6절을 읽으라.

   - 당신이 만약 38년 동안 그와 같은 질병이나 곤경으로 고통당하고 있다면, 당신의 상황에 대해 어떻게 느끼겠는가?
   - 당신이 인내했던 고난이나 질병 중에 가장 긴 기간은 얼마였는가?

- 그 고난이 당신의 삶과 감정과 신앙에 어떤 영향을 주었는가?
- 6절에서 예수님은 그 남자에게 무엇을 물으셨는가?
- 그 병자는 어떻게 대답했는가?
- 당신이 꼼짝 못 한다고 느끼는 상황에서 예수님이 동일한 질문을 던지셨다면, 당신은 그분께 무엇이라고 대답하겠는가?

4. 맥스는 예수님의 질문을 다른 관점에서 바라본다. "네가 벗어날 준비가 되었느냐?"(70쪽 참고)

- 꼼짝 못 하는 상태로 남아있길 원하는 몇 가지 이유는 무엇인가?
- 당신은 탈출구가 있는 줄 알면서도 꼼짝 않고 남아있던 적이 있는가? 그렇게 있기로 선택한 이유가 무엇이었는가?

5. 요한복음 5장 8절에서 예수님께서 그 병자에게 무엇이라 말씀하셨는가?

6. 맥스는 8절을 당신이 꼼짝 못 하게 되었을 때 취할 세 가지 행동으로 쪼갠다. 맥스는 그 세 가지 행동이 무엇을 의미한다고 말하는가?(71쪽 참고)

일어나라:

네 자리를 들어라:

걸어가라:

- 오늘 당신이 꼼짝 못 하게 되었다고 느끼는 영역을 생각해볼 때, 당신은 어떻게 일어날 수 있는가?
  자리를 들 수 있는가?
  걸어갈 수 있는가?
- 이 세 가지 단계 중에 당신에게 가장 어려운 것은 무엇인가? 그 이유는?

7. 맥스는, 뛰어난 체조선수였지만 만성 질병을 얻었다가 다시 기적적으로 치유된 바바라 스나이더의 이야기를 들려준다. 맥스는 "그리스도께서 기적을 행하셨다. 그리스도께서 간섭하셨다"라고 썼다. 그러나 바바라가 해야 할 일이 있었다. 무엇이었는가? (74쪽 참고)

8. 빈칸을 채우라. "____을 믿는 예수님을 믿으라." 때로는 우리를 꼼짝 못 하게 만드는 그것이 우리의 정체성이 되곤 한다. 그럴 때 우리가 전진하기를 두려워하는 이유는 '문제가 없는, 고통이 없는, 질병이 없는 우리가 누구인가' 하는 질문 때문이다. 하지만 맥스가 말하듯이, "예수님은 당신이 일어날 수 있다고, 자리를 들 수 있다고, 걸어갈 수 있다고 믿으신다. 당신은 당신이 생각하는 것보다 강하다." 당신은 이 말이 당신에게도 해당된다고 믿는가? 그렇다면 혹은 믿지 않는다면, 그 이유는?

9. 맥스가 4장 마지막에서 소개한 남자가 그랬듯이, 당신도 종이에 '내가 할 수 없는 일들'을 작성해 보라. 당신의 목록을 곰곰이 생각해 보라.

- '내가 할 수 없는 일들'은 얼마나 오랫동안 당신 삶의 일부였는가?
- 그중에 얼마만큼을 바꿀 힘이 있는가?
- 그중에 얼마만큼을 바꾸기를 두려워하는가?
- 이제 그 목록을 묻거나 태우거나 버리라. '내가 할 수 없는 일들'에서 벗어남을 물리적으로 상징하는 일을 하라. 당신은 그것들을 하나님께 내어드릴 수 있다.

한 번쯤은 세상에 혼자라고 느꼈던
당신을 위한 하나님의 기적들
You Are Never Alone

05

이 문제,
풀 수 있다

　지금부터 내가 나누려는 이야기는 내가 저물어 가는 세대에 속했음을 보여줄 것이다. 젊은 독자들은 내 이야기를 과장이라고 에누리해서 들을지도 모르겠다. 그들은 계산해 보겠지만, 그중 누구도 그렇게 오래 살지 않았다. 또한 그들은 떠올려 보겠지만, 누구도 지금까지 그 시절을 기억하지 못한다. 그러면 그들은 찢어진 청바지를 입고 타투를 잔뜩 한 친구들에게 물어보겠지만, 그중엔 이메일이 세상에 들어온 날을 기억하는 사람이 없다.
　하지만 하나님께서 나의 증인이신데, 내가 살아 있었고, 내가 거기 있었고, 내가 기억한다.

20세기의 마지막 10년이 막 시작하고 있었다. 클린턴에겐 아직 짙은 머리칼이 있었고, 자동차에는 아직 카세트 플레이어가 있었다. 그리고 나는 이메일이 반짝 유행하고 사라질 거라는 착각을 꼭 끌어안고 있었다. 슬링키(스프링 장난감-역주)와 슬립앤슬라이드(물이 흐르는 비닐시트 위를 슬라이딩하는 물놀이기구-역주)의 전철을 밟을 거라고 말이다. (나는 저 두 가지도 잘못 판단했다.) 내가 친구들과 아무리 따져 보았지만, 올바른 지성을 가진 사람이라면 대체 누가 손편지를 전자편지로 바꾸려한단 말인가?

친구들에게는 고백하지 못했지만 공식적인 자리를 빌려 처음으로 인정하려는 것은, 당시에 나는 컴퓨터의 세계에 압도당해 있었다. 그 세계가 나를 두렵게 만들었다. 그것은 뉴욕이었고, 나는 시골뜨기였다. 그것은 베토벤의 5번 교향곡이었고, 나는 '젓가락행진곡'을 뚱땅대고 있었다. 그것은 태평양이었고, 나는 피라미였다. 그럼에도 나는 던져졌다.

어느 날 나는 포스트잇의 세계에서 잠이 들었는데, 다음 날 종이가 없는 사회에서 깨어났다. 그것은 우리 교회 직원 중 전위사상가들이 오랫동안 꿈꿔오던 사회였다. "한번 생각해 보세요." 그들은 말하곤 했다. "커서를 움직이고, 마우스를 클릭하면, 메시지가 보내지는 거예요."

나는 심각한 컴맹이어서 커서가 저주를 퍼붓는 사람이라고, 마우스는 덫에 걸린 설치류라고 생각했다. 내가 아는 한, 로그인(log에는 '벌목하다'라는 뜻이 있다-역주)은 벌목꾼의 일이었다. 게다가 모니터(monitor에는 '반장, 규율부원'이라는 뜻이 있다-역주)라니? 우리 대학 기숙사 반장은 노먼이라는 친구였다고.

내가 어떻게 인터페이스(interface)가 컴퓨터 용어란 걸 알게 되었을까? 난 그게 농구에서 슬램덩크 후에 상대방의 기를 죽이려고 쓰는 말인 줄 알았다. 내가 엄청나게 뒤처지는 것을 용서해 달라. 로그인이 늦다고 해야 하나? 하지만 나는 겁을 먹었다. 아미쉬 공동체(전기와 내연기관을 되도록 쓰지 않는 등 현대 기술 문명을 거부하고 소박한 농경생활을 하는 미국의 한 종교 집단-역주) 부엌에서 토스터에 전원을 연결하는 것 같았단 말이다. 어디서부터 시작해야 할지, 어떻게 행동해야 할지, 뭐라고 물어야 할지 몰랐다.

내가 압도당해 있었다고 말해도 좋을 것 같다.

당신도 압도당한다는 말을 알 거다. 그 기분을 알 거다. 전조등 불빛에 놀라 그 자리에 얼어붙어 버린 사슴의 두려움을 알 거다. 배워야 할 정보가 너무 많고, 겪어야 할 변화가 너무 크고, 내려야 할 결정이 너무 많고, 빠져나와야 할 슬픔이 너무 깊고, 올라야 할 산이 너무 높고, 먹여야 할 무리가 너무 많을 때 드는 그 두려움 말이다.

적어도 제자들은 그것을 예수님께 아뢰었다.

그 후에 예수께서 디베랴의 갈릴리 바다 건너편으로 가시매 큰 무리가 따르니 이는 병자들에게 행하시는 표적을 보았음이러라 예수께서 산에

오르사 제자들과 함께 거기 앉으시니 마침 유대인의 명절인 유월절이 가까운지라(요 6:1-4).[1]

요한은 유월절이 가까움을 언급함으로써 우리에게 달력상 위치를 보여주는 호의를 베푼다. 유월절은 봄철의 절기이다. 겨울 냉기가 3, 4월의 따뜻한 봄바람과 야생화에게 길을 내주고 있었다. 이것은 요한복음에 언급된 세 번의 유월절 중 첫 번째이다. 예수님은 그분의 마지막 유월절 다락방까지 단 두 번의 봄을 남겨두고 계셨다.

유대인들에게 유월절은 가능성의 계절이었고, 애굽의 속박에서 벗어난 행복한 기억을 재현하려는 욕구를 돋우는 계절이었다. 기적을 행하는 저 나사렛 사람에게서도 구원이 올까? 그는 모세가 되어 그들을 약속의 땅으로 인도할까? 그들은 그러길 소망했다. 그들은 그가 행한 기적들을 보았다. 병 고침과 가르침에 대해 들었다. 그들은 갈릴리 바다 주위에서 그를 따랐다.

어느 시점에 예수님은 큰 무리에게 먹을 것이 없다는 걸 깨달으셨다. 가방에 음식이 없었다. 사 먹을 만한 푸드트럭이나 가게도 없었다. 오천 명 이상의 사람들(오천 명의 남자와 여자와 아이들)은 배가 고팠다.

예수께서 눈을 들어 큰 무리가 자기에게로 오는 것을 보시고 빌립에게 이르시되 우리가 어디서 떡을 사서 이 사람들을 먹이겠느냐 하시니 이렇게 말씀하심은 친히 어떻게 하실지를 아시고 빌립을 시험하고자 하심이라 빌립이 대답하되 각 사람으로 조금씩 받게 할지라도 이백 데나리온의 떡이 부족하리이다 제자 중 하나 곧 시몬 베드로의 형제 안드레가 예수께 여짜오되 여기 한 아이가 있어 보리떡 다섯 개와 물고기 두 마리를 가지고 있나이다 그러나 그것이 이 많은 사람에게 얼마나 되겠사옵나이까(5-9절).[2]

현실주의자 빌립은 많은 인파를 보았다. 그는 중얼거리는 소리를 듣고 투덜거리는 배를 상상하며 주저 없이 대답했다. "우리는 이 요구에 응할 능력이 없어요. 지갑엔 동전 한 푼 없고, 예산은 텅텅 비었어요. 우리는 그만한 역량이 안 돼요. 입은 많고 돈은 부족해요."

'이 많은 사람'이라는 말을 세 번이나 반복하는 것에 주목하라.

1. 예수님의 질문: "우리가 어디서 떡을 사서 이 사람들을 먹이겠느냐"(5절)
2. 빌립의 대답: "[이 많은 사람이] 각 사람으로 조금씩 받게 할지라도 이백 데나리온의 떡이 부족하리이다"(7절)
3. 한 아이의 도시락에서 출발하는 안드레의 아이디어, 하지만 곧: "그러나 그것이 이 많은 사람에게 얼마나 되겠사옵나이까"(9절)

예수님도 '이 많은 사람'을 인정하셨다. 빌립은 '이 많은 사람'을 어떻게 도울지 알지 못했다. 안드레는 아이디어가 있었지만 그 제안은

'이 많은 사람'의 얼굴 앞에 시들해져 버렸다.

당신에게 '이 많은 사람'은 무엇인가?

평범하게 '이 많은 기저귀' 혹은 '이 많은 숙제' 혹은 '이 길고 긴 하루하루' 같은 것일 수 있다. 아니면 좀 더 심각하게 '이런 투석' 혹은 '이런 우울증' 혹은 '이 많은 청구서' 같은 것일 수도 있다.

그것이 무엇이든 수요가 공급을 초월해버리면 당신은 빌립처럼 무력감을, 안드레처럼 결핍감을 느끼게 된다.

우리는 제자들이 더 큰 믿음으로 반응하기를 기대한다. 어쨌거나 그들은 물이 변하여 포도주가 되고 앉은뱅이 병자가 걷는 것을 보았지 않은가. 더 큰 용기와 투지를 보고 싶다. "우리는 할 수 없지만 당신은 하실 수 있어요, 예수님!"이라고 더 자주 말하는 걸 보고 싶다. 하지만 제자들도, 침묵하는 무리들도 불꽃을 보여주지 못했다. 배고픈 사람들의 수를 세고 지갑의 돈을 세고 떡과 물고기의 합을 셌다. 하지만 그리스도를 의지하지는 않았다.

그분은 바로 거기 서 계셨다! 그보다 가까울 수 없었다. 보고 듣고 만지고 심지어 냄새까지 맡을 수 있었다. 그런데도 그들은 그분의 도움을 간청하려는 생각을 해내지 못했다.

그럼에도 불구하고 예수님은 일하셨다.

예수께서 이르시되 이 사람들로 앉게 하라 하시니 그 곳에 잔디가 많은지라 사람들이 앉으니 수가 오천 명쯤 되더라 예수께서 떡을 가져 축사하신 후에 앉아 있는 자들에게 나눠 주시고 물고기도 그렇게 그들의 원대로 주시니라 그들이 배부른 후에 예수께서 제자들에게 이르시되 남은 조각을 거두고 버리는 것이 없게 하라 하시므로 이에 거두니 보리떡 다섯 개로 먹고 남은 조각이 열두 바구니에 찼더라 (요 6:10-13).[3]

나는 사람들이 푸른 잔디에 대자로 누워 만족해하며 낮잠을 자는 모습을 상상해본다. 낮잠을 자지 않는 사람들은 이를 쑤셨을 것이다. 주린 배가 부른 배가 되었다. 남아서 거둔 조각이 열두 바구니가 될 만큼 많았다. (의심하는 제자들에게 일 인당 한 바구니씩 기념품으로 주시려 한 것일까?)

'이 많은 사람'을 먹여야 하는 불가능한 도전이 이 많은 사람을 먹인 잊지 못할 기적이 되었다. **갈릴리안 저널**은 "수천 명을 위한 만찬!"이라는 헤드라인을 싣고 이어지는 문장은 이렇게 썼을 것이다. "그리스도께서 아무도 상상하지 못했던 일을 해내셨다. 가나의 혼인 잔치에서 하셨던 것처럼 말이다." 이건 요한복음 메시지의 주제문이 아니던가? 우리가 할 수 없는 그것을 그리스도께서 하신다!

우리 앞에 놓인 문제는 그리스도께서 이 점을 증명하실 기회다.

당신이 자신의 근심 걱정을 그저 외떨어진 혼란과 상처로 치부한다면, 분하고 비통해질 것이다. 하지만 당신의 근심 걱정을 하나님을 신뢰할 기회이자, 그분께 드린 것을 배로 만드는 그분의 능력을 신뢰할 기회로 삼는다면, 아주 작은 사건도 의미를 갖는다. 오천 가지 문제에 직면해 있는가? 돈과 떡과 물고기를 세기 전에, 당신을 셈에서 제외시키기 전에, 몸을 돌려 당신 옆에 서 계시는 분을 바라보라! 가장 먼저 그리스도를 의지하라. 그분은 당신이 불가능한 일을 할 수 있도록 도우실 수 있다. 당신은 그저 당신이 가진 것을 그분께 드리고 그분의 일하심을 보기만 하면 된다.

"예수께서 떡을 가져"(11절). 예수님은 떡을 사용하실 필요가 없었다. 근처 수풀을 과일나무로 바꾸실 수 있었다. 갈릴리 바다가 많은 물고기를 토해내게 하실 수 있었다. 그분은 이스라엘 민족을 위해 만나를 내리셨던 분이다. 이번에도 다시 그러실 수 있었다. 하지만 그러지 않으시고 작은 소년의 바구니 하나를 사용하기로 하셨다.

당신의 바구니에는 무엇이 들어있는가?

가진 거라곤 나약한 기도뿐인가? 그것을 드려라. 가진 거라곤 변변찮은 기술뿐인가? 그것을 사용하라. 가진 거라곤 용서를 구하는 것뿐인가? 그것을 올려드려라. 가진 거라곤 딱 한 걸음 걸을 힘뿐인가? 그것을 내딛어라. 하나님은 작은 것을 가지고 큰일을 하실 수 있다.

하나님은 아기 모세의 훌쩍임을 사용하셔서 바로의 딸의 마음을 움직이셨다. 하나님은 한때 죄수였던 자의 불완전한 기억을 사용하셔서 요셉을 감옥에서 건지셨고 궁궐로 보내셨다. 하나님은 다윗의 물맷돌을 사용하셔서 강한 골리앗을 때려눕히셨다. 하나님은 세 개의 못과 투박한 십자가를 사용하셔서 인류를 구속하셨다.[4]

만약 하나님께서 한 개의 바구니로 음식이 남을 만큼의 뷔페를 만드셨다면, 그분께서 당신의 믿음의 오병이어를 가지고 뭔가를 하실 수 있다는 생각이 들지 않는가?

비디 챔버스는 그렇게 생각했다. 그녀가 포기했대도 아무도 그녀를 비난하지는 못했을 것이다. 그녀가 떠났대도 아무도 그녀를 손가락질하지 않았을 것이다. 하나님께서 그녀에게 주신 임무는 성경을 가르치는 남편의 파트너가 되는 일이었다.

그들은 1908년에 만났다. 1910년에 결혼해서 런던에 살면서 성경대학을 시작하겠다는 꿈으로 분주했다. 큰 집을 사서, 휴가를 보내는 선교사님들과 학생들이 방을 이용할 수 있게 했다. 비디의 훈련 영역은 속기였다. 남편의 강의를 잘 정리해서 성경 통신 교육에 사용했다.

1차 세계대전이 발발하자 남편은 이집트에 주둔하는 군인들을 목회하라는 부르심을 느꼈다. 남편은 비디와 두 살 반 된 딸을 데리고 그가 군목을 맡은 중동 지역으로 이주했다. 그들은 사역을 지속하였다. 그는 가르쳤고, 그녀는 기록했다. 그는 강의했고, 그녀는 그의 메시지를 담아냈다. 완벽한 파트너십이었다.

그런데 차질이 생겼다. 남편이 맹장염의 합병증으로 마흔셋의 나이에 죽고 말았고, 비디는 과부가 되었다. 그녀는 남편을 이집트에 묻고, "남편이 죽었는데 내가 어떻게 남편의 파트너가 될 수 있지?"라는 질문을 품은 채 런던으로 돌아왔다. 가르치는 사역의 꿈이 버려질 처지였다. 그렇지 않은가?

아니었다. 비디는 하나님께 자신의 오병이어를 드리기로 결정했다. 남편의 노트를 소책자로 바꾸는 작업에 착수했고, 우편을 이용해 친구와 지인들에게 보냈다. 결국 그것들이 묶여 한 권의 책이 되었고, 1927년에 『주님은 나의 최고봉』(*My Utmost for His Highest*)이 출간되었다.5)

그 책이 독자들에게 미칠 영향력은 아무도 예상하지 못했다. 초기 추종자에는 빌리 그레이엄, 빌 브라이트(CCC, 대학생선교회 창시자-역주), 헨리에타 미어스(주일학교 창시자-역주) 등이 포함되었다. AA(Alcoholics Anonymous, 알코올중독자들이 중독에서 벗어나려고 결성한 자발적 단체-역주)의 창시자인 빌 윌슨과 밥 스미스도 그 책을 발췌하여 모임을 시작하곤 했다. 조지 W. 부시는 영감을 얻기 위해 그 책을 참고했다.6) 책은 1천3백만 부 이상이 팔렸고 서른다섯 개 이상의 언어로 번역되었다.

오스왈드 챔버스의 작품은 그의 기대를 뛰어넘었음이 틀림없다. 하지만 그 차이를 만든 건 그의 아내 비디의 신실한 믿음이었다. 그녀는 예수님께 드려야 할 것을 드렸다. 그러자 그것으로 예수님은 잡수셨고, 또 큰 무리를 먹이셨다. 그녀를 본받자.

다음번에 압도당하는 느낌을 받거든, 당신 곁에 서 계신 분을 스스로 상기시키라. 당신은 혼자가 아니다. 도움이 언제나 계신다. 당신을 혼란스럽게 만드는 것은 그분을 혼란스럽게 하지 않는다. 당신의 오르막은 그분께 내리막이다. 그분은 당신의 문제로 쩔쩔매지 않으신다. 당신의 필요를 그분께 아뢸 때, 그분은 절대로 이렇게 말하지 않으신다. "이런, 결국 그렇게 되고 말았구나. 내가 풀 수 없는 암호를 건네받았는걸. 네 요청이 내게도 너무 크구나."

당신이 수적으로 열세라고 느낄지 모르지만, 그분은 아니시다. 그분께 당신이 가진 것을 드려라. 감사를 드려라. 그리고 그분이 어떻게 일하시는지 보라. 당신이 받은 은총의 목록이 어찌나 긴지, 그 목록을 저장하려면 새 하드드라이브를 사야 할 것이다.

● 기적을 발견하는 묵상 질문

1. 당신이 순식간에 압도당하거나 좌절하게 만드는 작고 평범한 문제는 무엇인가? 교통 체증? 더러운 빨래 더미? 꽉 찬 메일함인가?

    • 당신을 압도하는 것은 그런 상황 중의 무엇인가?
    • 압도당하는 상황에 맞닥트릴 때, 당신은 보통 어떻게 반응하는가?
    • 지금 당신이 압도당하고 있다고 느끼게 만드는, 삶의 심각한 문제에 관해 생각해 보라.

2. 5장에서 예수님께서 오천 명을 먹이신 기적에 관한 이야기를 읽었다. 맥스는 그 날 오천 명의 남자가 모였다는 것은 여자와 아이가 포함되지 않은 표현이고, 그것은 곧 큰 무리의 규모가 오천 명 이상 되었다는 의미라고 지적한다.

    • 당신은 얼마나 많은 사람에게 식사를 제공해 보았는가? 혹은 당신이 속한 집단에서 식사가 제공된 경우 중 가장 큰 규모는 얼마였는가?
    • 대규모의 무리를 먹이는 계획을 세우기 위해 필요한 과정들을 적어보라.
    • 이제 당신이 오천 명을 먹여야 한다고 상상해 보라. 거기에 요구되는 추가적인 작업, 계획, 재정은 무엇이겠는가?

3. 요한복음 6장 5절에서 예수님은 빌립에게 물으셨다. "우리가 어디서 떡을 사서 이 사람들을 먹이겠느냐."
빌립이 대답했다. "각 사람으로 조금씩 받게 할지라도 이백 데나리온의 떡이 부족하리이다"(7절).
안드레가 대답했다. "여기 한 아이가 있어 보리떡 다섯 개와 물고기 두 마리를 가지고 있나이다 그러나 그것이 이 많은 사람에게 얼마나 되겠사옵나이까"(9절).

- 빌립은 왜 그렇게 대답했다고 생각하는가?
- 안드레는 왜 그렇게 대답했다고 생각하는가?
- 만약 예수님이 무슨 일이 일어날지 알고 계셨다면, 그분은 왜 그런 질문을 하셨다고 생각하는가?
- 제자들의 대답을 볼 때, 그들은 예수님의 능력을 어떻게 이해하고 있었는가?

4. 안드레와 빌립은 갈릴리의 큰 무리를 먹이는 노력에 있어서 서로 다른 장애물에 맞닥트렸다.

- 안드레가 생각하는 장애물은 무엇이었는가?
- 빌립이 생각하는 장애물은 무엇이었는가?
- 압도당하는 상황에서 당신이 마주한 장애물은 무엇인가?
- 당신이 그 장애물을 극복하기 위해 제거되어야 할 것은 무엇인가?
- 그 장애물을 상대할 능력이 당신에게 있다고 믿는가? 그렇다면 혹은 그렇지 않다면, 그 이유는?

5. 의심하는 제자들에 관해 맥스는 다음과 같이 말한다. "(그들은) 배고픈 사람들의 수를 세고 지갑의 돈을 세고 떡과 물고기의 합을 셌다. 하지만 _____를 의지하지는 않았다."(86쪽 참고) 빈칸을 채우라.

- 제자들은 예수님을 알았고 믿었고 기적 행하심을 보았음에도 불구하고, 왜 그 상황을 해결하기 위해 그리스도를 의지하지 않았다고 생각하는가?
- 당신을 압도하는 문제를 해결하기 위해 그리스도를 의지했던 시간을 떠올려보라. 그 문제와 해결책을 설명해 보라.

6. 요한복음 6장 11-13절을 읽으라.

- 예수님은 무리의 필요를 어떻게 채워주셨는가?
- 모든 사람이 얼마만큼 먹을 수 있었는가?
- 남은 음식이 있었다는 사실은 예수님과 그 기적에 관해 무엇을 말해주는가?

7. 맥스는 그 기적이 "우리가 할 수 없는 것을 그리스도께서 하신다! 우리 앞에 놓인 문제는 그리스도께서 이 점을 증명하실 기회다"라고 말했다.

- 저 진술에 대해 어떻게 생각하는가?
- 과거에 당신이 혼자 해결할 수 없던 문제를 그리스도께서 해결해주신 적이 있는가? 만약 그렇다면, 그리스도께서 그 문제를 어떻게 해결하셨는가?
- 당신은 그분께서 오늘날에도 당신의 문제를 해결하실 수 있다고 믿는가? 그렇다면 혹은 그렇지 않다면, 그 이유는?

8. 그리스도께서 당신의 문제를 해결하실 것임을 믿는 일에는, 모든 문제 해결이 그렇듯이, 창의력이 필요하다. 상황을 그저 있는 그대로 보지 않고 가능한 모습으로 보는 것이 필요하다. 당신이 오늘 직면하고 있는 상황이나 문제가 얼마나 압도적이든, 그것이 무엇이든, 창의력을 연습하라. 오늘은 불가능하게 느껴지지만 실현 가능한 성과물들을 아래에 적어보라. 당신의 문제가 낳은 결과로서 발생할 수 있는 상황들, 선하고 유익하고 긍정적인 상황들을 아래에 적어보라. 말도 안 될 것 같은 얘기라도 (몸의 치유, 관계의 회복, 새 일자리 등) 상관없다. 그냥 적어라. 그리고 예수님을 통해 이루어질 일에 대해 마음 문을 활짝 열어라.

You Are Never Alone

한 번쯤은 세상에 혼자라고 느꼈던
당신을 위한 하나님의 기적들
You Are Never Alone

06

폭풍 속에서
내가 너와 함께 있단다

내 생애 가장 험악한 시절은 열두 살 때 찾아왔다. 나는 농구, 축구, 자전거 타기를 할 만한 나이였다. 소녀에게 연정을 품고, 잉글리쉬 레더 오드콜로뉴(남성용 향수의 일종-역주)를 갖고, 동사와 부사의 차이를 알 만한 나이였다. 하지만 그해에 내 인생에 찾아온 일을 처리하기에는 충분치 못한 나이였다. 나는 어느 성인 남자의 손에 성추행을 당했다.

그는 멘토를 가장하여 내 세계로 들어왔다. 그는 작은 우리 마을에서 몇몇 가정들과 친구가 되었다. 나는 그를 위트 있고 매력적이며 관대한 사람으로 기억한다. 내가 몰랐던 것은 (아무도 몰랐던 것이기도 하다) 그가 어린 소년들을 좋아한다는 사실이었다.

그는 우리더러 햄버거를 먹으러 자기 집에 오라고 하곤 했다. 자기 트럭에 태워 드라이브를 시켜주기도 했다. 사냥과 하이킹에 데려갔고, 인생과 사랑과 소녀들에 대한 온갖 질문에 답을 해주었다. 그에겐 잡지들이 있었는데, 내 아버지는 허락하지 않으실 종류였다. 그리고 그는, 내가 다시는 반복하고 싶지 않고 결코 잊을 수 없는 짓을 했고 우리에게 하게 했다.

어느 주말에 캠핑을 나갔는데, 그게 잘못이었다. 그는 우리 다섯 명을 캠핑용 자동차에 태우고 야영장으로 차를 몰았다. 텐트와 침낭이 든 꾸러미에는 위스키 몇 병이 들어있었다. 그는 주말을 보내며 자기 주량을 넘겼고 각 소년의 텐트에서 그 짓을 했다.

그는 우리가 그의 행동에 대한 책임을 떠맡게 될 거라며 우리더러 부모에게 말하지 말라고 했다. 그는 그 일을 비밀에 부치겠다고 맹세하면서 그가 우리를 곤경에 빠지지 않게 지켜주는 것이라고 말했다.

비열한 놈 같으니라고.

주일 오후에 나는 불결함과 수치심을 느끼며 집으로 돌아왔다. 그날 아침 나는 교회의 성찬식을 놓쳤다. 내게 그 어느 때보다 성찬식이 절실했던 때가 있다면 바로 그때였다. 그래서 나는 나만의 성찬을 준비했다.

엄마와 아빠가 잠자리에 들기까지 기다렸다가 부엌에 갔다. 크래커는 어디에도 없었고, 주일 점심으로 먹고 남은 감자를 발견했다. 주스도 없었기에 우유를 사용했다. 접시에 감자 조각을 올려놓고 잔에 우유를 부었다. 그리고 그리스도의 십자가에 못 박히심과 내 영혼의 구속을 기념했다.

한번 상상해 보라. 빨간 머리를 한 주근깨투성이 소년이 막 씻고 나와 파자마를 입은 채 부엌 싱크대에 서 있는 모습을 말이다. 그 소년은 감자를 쪼개고 우유를 홀짝이며 구주의 자비를 받아들이고 있었다.

성체가 예식 면에서는 부족했지만, 그 부족함은 사랑으로 채워졌다. 예수님은 그 순간에 나를 만나주셨다. 나는 그분을 느꼈다. 그분의 사랑과 임재를 느꼈다. 그분이 가까이 계신다는 걸 어떻게 알았느냐고 묻지 말라. 그냥 알았으니까![1]

폭풍은 험악했지만, 나의 주님이 곁에 계셨다. 게다가 나로서는 결코 잊지 못할 교훈을 배웠다. 바로 예수님께서 폭풍 한복판으로 들어오신다는 사실이었다.

우리는 누구나 자기 몫의 폭풍에 직면한다. 완전히 자유롭게 인생을 헤쳐나가는 사람은 아무도 없다. 언젠가 한 번쯤, 그리고 어쩌면 또 한 번, 하늘이 어두워지고 바람이 사나워질 때가 올 것이다. 그러면 우리는 현대판 갈릴리 바다 폭풍 속에 있는 자신을 발견할 것이다.

> 저물매 제자들이 바다에 내려가서 배를 타고 바다를 건너 가버나움으로 가는데 이미 어두웠고 예수는 아직 그들에게 오시지 아니하셨더니 큰 바람이 불어 파도가 일어나더라(요 6:16-18).

제자들의 마음은 침몰하는 배와 같이 가라앉기 시작했다. 몸은 흠뻑 젖었고 목은 쉬었고 동공은 확장되었다. 그들은 짙은 구름 사이 희망의 빛줄기를 찾아 하늘을 샅샅이 뒤졌다. 파도가 무서워 배를 붙들었다. 도와달라고 울부짖어 기도했다. 하지만 아무 응답도 듣지 못했다.

예수님이 그들과 함께 배 안에 계시기만 했더라면. 예수님이 그들더러 해변에 머물라고 하시기만 했더라면. 하지만 예수님은 배에 계시지 않았고, 그들더러 바다 건너편으로 가라고 말씀하셨다(마 14:22). 결과적으로 그 순간은 위기의 온갖 요소를 다 갖추고 있었다.

제자들은 기진맥진했다. 그도 그럴 것이, "제자들이 노를 저어 십여 리(약 5킬로미터-역주)쯤"(요 6:19) 갔다. 해류를 잘 만나면 30분에 1.6킬로미터를 갈 수 있다. 하지만 파도와 바람을 거슬러 가야 한다면? 그들은 해 질 녘에 출발했지만 새벽 3시에도 여전히 노를 젓고 있었다(마 6:48)! 그것은 유유히 흐르는 강에서 즐기는 속 편한 뱃놀이가 아니었다. 뒤집힐 듯 출렁이는 배에서 공포와 싸워가며 뼈 빠지게 노를 저어야 하는 일이었다. 제자들이 적어도 한 번은 서로에게 이렇게 소리쳤을 것 같지 않은가?

"더는 못 버티겠어!"

"여기서 살아남지 못할 거야!"

마태가 그 폭풍의 상황을 어떻게 묘사했는지 보라. "배가 이미 육지에서 수 리나 떠나서 바람이 거스르므로 물결로 말미암아 고난을 당하더라"(마 14:24). 그들은 이미 해변에서 너무 멀리 왔고 너무 오래 바람과 싸웠으며 큰 파도에 비해 너무 작았다. 그리고 예수님은 어디에도 보이지 않았다. 당신은 하나님께 버림받은 것 같은, 위험하고 불길한 폭풍을 만난 적이 있는가?

해변에서 너무 멀다. 해결책에서 너무 멀다.

너무 오래 싸웠다. 법정 싸움이 너무 길다. 병원 생활이 너무 길다. 좋은 친구 없이 혼자 지낸 시간이 너무 길다.

파도에 비해 너무 작다. 우리 존재가 너무 미미하고 너무 고독하다.

폭풍이 제자들을 지배했다.

마찬가지로 폭풍이 우리의 인생도 지배할 수 있다. 자연의 돌풍을 다스릴 권위가 우리에게 없듯이, 인생의 돌풍을 다스릴 권위도 우리에겐 없다. 결혼생활을 구해내기를 간절히 바라지만, 혼자 씨름하다 지쳐가고 있다. 반항적인 자녀를 되돌리고자 하지만, 성공할지 자신이 없다. 건강해지길 바라지만, 여전히 팬데믹을 마주하고 있다. 폭풍이 우리에게 불어 닥친다. 때로는 끝날 기미조차 보이지 않는다.

그런데 그때, 상상도 못 한 일이 일어난다. "예수께서 바다 위로 걸어 배에 가까이 오심을 보고 두려워하거늘"(요 6:19).

성경의 이야기 전개는 때로 너무 빨리 이동한다. 우리는 더 자세한 설명과 묘사와 해명을 원한다. 이 구절도 그중 하나다. **이봐요, 요한. 다음 문장으로 서둘러 넘어가기 전에 그 순간을 묘사해주세요. 사람이라면 물 위를 걷지 않잖아요. 바위라든지 흙이라든지 모래 위를 걷지만, 물이라니요? 예수님의 머리칼이 바람에 날렸나요? 발목이 물**

에 잠겼나요? 옷자락이 물에 젖었나요? 요한은 아무런 디테일도 알려 주지 않는다. 매우 간략한 진술뿐이다. "제자들이 예수께서 바다 위로 걸어 오심을 보고."

우리가 알아야 할 내용은 그게 전부다. 예수님은 폭풍을 잠잠케 하시기 전에 폭풍 가운데로 걸어 우리에게 오셨다.

그리고 예수님은 제자들에게 하셨던 말씀을 우리에게도 하신다. "내니 두려워하지 말라"(20절).

예수님 말씀의 문자적 번역은 "나다(I AM). 두려워하지 말라"이다. '나'는 하나님의 이름이다. 하나님께 명함이 있다면, 거기에 '나'를 새겼을 것이다. 모세가 불은 붙었으나 타지 않는 떨기나무를 본 이래로, 하나님은 자신을 "스스로 있는 자"(출 3:14)라고 하셨다. 그것은 그분의 불변하심과 전능하심을 드러내는 명칭이다.

우리가 하나님이 과연 오실까 하고 생각할 때, 그분은 자신의 이름으로 대답하신다. "나다!" 우리가 그분이 과연 하실 수 있을까를 생각할 때, 그분은 선포하신다. "나다!" 우리 눈에 오직 어둠만이 보일 때, 우리 마음에 오직 의심밖에 없을 때, 하나님이 과연 곁에 계신지 혹은 나를 알고 계시는지를 생각할 때, 예수님으로부터 온 기쁜 답은 이거다. "나다!"

잠시 쉬어가며 그분께서 당신에게 그분의 이름을 말씀하시게 하라. 당신에게 가장 필요한 것은 그분의 임재다. 안다. 당신은 이번 폭풍이 지나가기를 원한다. 안다. 당신은 바람이 잔잔해지기를 원한다. 하지만 무엇보다 당신은 알기를 원하고, 알 필요가 있고, 알아야 한다. 위대하신 '나'라는 분이 당신 곁에 계신다는 것을.

이사야 43장은 당신에게 주신 소중한 약속이다.

너는 두려워하지 말아라. 내가 너를 구원하였고
내가 너를 지명하여 불렀으니 너는 내 것이다.
네가 깊은 물을 지나갈 때 내가 너와 함께할 것이니
강을 건널 때에 물이 너를 침몰시키지 못할 것이다. …
나는 너의 하나님 여호와이며
너 이스라엘을 구원하는 거룩한 자이다. …
너는 두려워하지 말아라. 내가 너와 함께한다(사 43:1-3, 5, 현대인의성경).

우리는 폭풍을 겪지 않기를 더 원한다. 아니면 폭풍이 오더라도 그것이 무난하거나 우리가 빨리 건짐 받기를 원한다. 입학 지원을 거절당하면 더 좋은 대학에 붙기를 원한다. 실직하면 퇴직금이 따라오고 더 좋은 일자리를 제안받기 원한다. 결혼생활의 갈등이 재빨리 로맨스로 변하기를 원한다.

때로는 그렇기도 하다.

하지만 그렇지 못할 때, 가슴 깊이 격동을 겪을 때, 예수님은 우리가 그분의 이름을 알기를, 그분께서 "내가(I AM) 간다"라고 말씀하시는 걸 우리가 듣기를 원하신다.

제자들은 그것을 경험했다. 그들이 그리스도를 배로 영접했던 순간, 그들은 목적지에 도착했다. "이에 기뻐서 배로 영접하니 배는 곧 그들이 가려던 땅에 이르렀더라"(요 6:21).

제자들의 본을 따르라. 격동의 시기 한복판에서 예수님을 영접하라. 폭풍이 당신을 안으로 향하게 하지 말라. 위로 향하게 하라.

2008년 4월 21일에 캐서린 울프는 치명적인 뇌졸중을 겪었다. 생명을 잃지는 않았지만 걷는 능력, 분명하게 말하는 능력, 스스로를 돌보는 능력을 상실했다. 캘리포니아 모델에서 휠체어 신세를 지는 환자로 전락했다. 열한 차례의 수술을 견뎌야 했고, 체력을 되찾기 위해 매일 사투를 벌여야 했다. 수차례 포기하고 싶다는 생각이 들었다.

그중 한 번은 추수감사절 바로 전날에 찾아왔다. 시련이 찾아온 지 7개월쯤 지난 때였다. 그녀의 설명을 들어보자.

절망감이 머리끝부터 발끝까지 나를 덮었다. 제이[남편]와 고모들이 제임스[아들]와 노는 것을 바라보고 있을 때였다. 그들은 제임스를 공중에 번쩍 들어 올리고, 제임스와 원을 그리며 달리고, 큰 소리로 웃고 있었다. 반면 나는 내 머리조차 들 수 없었다. 아직 내 목은 머리를 지탱할 힘이 충분치 않았기 때문이었다.

내 마음에 의심이 찾아왔다.

하나님이 실수하셨을까? … 내 작은 부엌에서 라자냐를 손수 만들던 내가 튜브로 모든 음식물을 공급받는 신세로 전락하다니. … 매일 멋진 옷을 챙겨 입던 내가 성인용 기저귀를 차고 병원 가운을 입은 신세로 전락하다니. … 지금 나는 천국에 있어야 해. 그러면 적어도 모든 사람의 고통이 끝날 테니.

밀려드는 상실감이 그녀를 심하게 뒤흔들었고, 곧 그녀의 세계는 뒤집혀버렸다. 하지만 그녀의 마음이 침몰하기 시작할 때, 하나님이 개입하셨다.

그때 갑자기, 그런 생각이 내 머리와 가슴에 미처 온전히 발붙이기도 전에, 나는 하나님의 말씀을 깊이 깨닫게 되었다. 어릴 적부터 잘 알고 있던 말씀이었다. 나는 속사포처럼 쏟아지는 성경의 진리들을 들을 수 있었다. 그건 마치 하나님께서 직접 보내신 속달 같았다.
캐서린, 너는 실수가 아니란다. 나는 실수하지 않지. 나는 네가 아는 것보다 더 잘 안단다. 나는 하나님이고, 너는 아니잖니. 네가 어머니의 뱃속에서 두렵고도 놀랍게 창조되었음을 기억하렴. …
이 모든 일에는 목적이 있단다. …
나를 신뢰하렴. 나는 너의 선을 위해서 모든 것에서 일하고 있단다. 지금 네가 어둠 속에 있다는 이유만으로 이 진리를 의심하지 말거라. 빛 가운데 진리인 것은 어둠 가운데에서도 진리란다.
네가 이 싸움을 싸울 수 없다는 걸 알고 있다. 그건 중요하지 않아. 네가 할 일은 잠잠히 내가 너를 위해 싸우게 하는 거야. 내가 네게 새 생명을 주었을 때 시작했던 착한 일을 내가 완성하마. 내가 그것을 끝까지 해낼 것이다. 그것을 믿으렴. 나의 본성은 구속하고 회복하고 강하게 하는 것이란다. 이 험악한 시절은 끝이 올 거다. 네가 잠시 고난을 당하나, 내가 너를 거기서 벗어나게 할 것이란다.

… 내가 너를 선택했다. 네가 받은 이 특별한 소명에 합당한 삶을 살아라.

진리의 말씀들이 나를 강하게 치던 그 순간, 초자연적인 일이 일어났다. 하나님은 어지러운 나의 인생 한복판에서 나를 만나주셨다. 나는 계속해서 인내하리라는 새로운 결단을 하게 되었다. 내 극심한 고통에도 불구하고 나는 갑자기 특별한 느낌을 받았다. 그 순간이 나의 모든 것을 변화시켰다. 내 소망의 축제일이었다. 내면 깊숙이 나의 '이 땅의 옷'은 일시적인 것일 뿐임을 알았다. 지금 상황에서 다시는 마음을 잃지 않을 것이다. 왜냐하면 나의 영혼은 낭비되어 없어질 것이 아니기 때문이다. 내 몸은 움직이지 않았지만, 그뿐이었다.²⁾

폭풍을 홀로 헤쳐나가려 하지 말라. 노를 젓고 물을 퍼내지만, 무엇보다도, 그리스도께 당신의 침몰하는 배 안으로 들어오시기를 청하라. 당신은 결코 혼자가 아니라는 사실을 믿으라. 기적을 행하시는 당신의 하나님께서 당신을 보고 계시고, 당신에게 마음을 쓰고 계시며, 당신을 도우러 오실 것이라는 사실을 믿으라. 알다시피 그분은 당장이라도 당신을 건져주실 수 있다. 얼굴의 빗물을 닦아낼 틈도 없이 목적지에 도착할 수 있다.

그분은 여전히 위대한 '나'이시다. 해변이 보이지 않는 갈릴리 바다 한복판에서 우리 자신을 발견할 때, 그분이 우리에게 오실 것이다.

누구, 나 좀 도와주러 오실래요?라고 기도한 뒤 예수님의 응답에 귀를 기울여보라. **"폭풍 속에서 내가(I AM) 너와 함께 있단다."**

● 기적을 발견하는 묵상 질문

1. 맥스는 자기의 어린 시절 가슴 아픈 학대 이야기로 6장을 시작한다. 그날 밤 부엌에서 성찬식을 가질 때, 무엇이 그에게 평안을 주었는가?

   - 당신은 암흑기를 보내면서 하나님의 임재를 느꼈던 적이 있는가?
   - 만약 그렇다면, 그것이 하나님의 임재인지를 어떻게 알았는가? 그분의 임재가 당신에게 어떤 느낌을 주었는가?
   - 만약 암흑기에 하나님의 임재를 구한 적이 없다면, 당신은 어디에서 도움을 구했는가? 하나님의 도움을 구하지 못하게 막은 것은 무엇이었는가?

2. 빈칸을 채우라. "예수님께서 폭풍 _____ 들어오신다."(99쪽 참고) 당신이 6장에서 읽은 기적이, 문자 그대로 그것을 증명한다. 요한복음 6장 14-17절을 읽으라.

   - 제자들은 무엇을 하고 있었는가?
   - 예수님은 어디에 계셨는가?

3. 요한복음 6장 18-19절을 읽으라. 제자들이 예수님께서 다가오심을 보았을 당시에는 얼마나 오랫동안 노를 젓고 있던 상태였는가?
   마태복음 14장 24절에 의하면 제자들은 갈릴리 바다 한가운데서 노를 젓고 있었다. 해변으로 안전하게 되돌아갈 퇴로가 없었다. 폭풍 속에 머무르거나 건너편까지 무사히 도달하기를 소망해야 했다.

   - 당신은 어떤 폭풍을 견디었는가?
   - 폭풍 한복판에서 당신은 어떤 느낌이었는가?
   - 그 폭풍은 결국 어떻게 잠잠해졌는가?

- 어쩌면 당신은 지금 폭풍 가운데 있을 수 있다. 당신이 겪는 폭풍의 근원은 무엇인가? 제자들과 마찬가지로, 당신도 사나운 바다 한가운데에 절망한 채 있는가? 아니면 폭풍이 이제 막 시작되었는가? 아니면 물결이 잠잠해지기 시작했는가?

4. 맥스는 우리가 폭풍 가운데서 만날 수 있는 세 가지 싸움을 설명한다. 해변(해결책)에서 너무 멀고, 너무 오래 싸웠고, 파도(문제)에 비해 너무 작다는 것이었다. 그중에 어떤 싸움을 싸워보았는가? 혹은 지금 싸우고 있는가?

5. 요한복음 6장 19절은 "예수께서 바다 위로 걸어 배에 가까이 오심을 보고 두려워하거늘"(요 6:19)이라고 말한다. 그 장면 속에 당신을 넣어보라. 당신이 노를 저어 배를 안전한 곳에 닿게 하려는 제자라고 상상해 보라. 폭풍이 몰아치는 큰 바다 한가운데에 떠있는 작은 배 위에 있다면 당신은 어떤 기분이 들겠는가?
이제, 당신이 사랑하는 랍비를 보았다고 상상해 보라. 그런데 그분은 배 안에 계신 것도, 해변에 계신 것도 아니었다. 물 위에 계셨고, 걷고 계셨다.

- 그리스도를 본 순간, 당신에겐 어떤 감정들이 뒤섞여 있었을 것 같은가?
- 당신의 머릿속에는 어떤 종류의 생각들이 스쳐갔을 것 같은가? 그 이유는?

6. 예수님은 제자들의 혼란을 예상하시고는 "내니 두려워하지 말라"(요 6:20)고 말씀하셨다.

- "내니"라는 말의 문자적 직역은 무엇이라고 맥스가 말하는가?(102쪽 참고)
- 그것이 중요한 이유는 무엇인가?

- 예수님께서 제자들에게 자신이 누구인지 밝히신 직후에, 예수님은 그들에게 뭐라고 말씀하시는가?
- 예수님께서 제자들에게 두려워하지 말라고 말씀하셨을 때, 제자들이 어떻게 느꼈을 거라 생각하는가?

7. 맥스는 폭풍 속에서 우리에게 가장 필요한 것이 무엇이라고 말하는가?(102쪽 참고) 당신은 이에 동의하는가? 그렇다면 혹은 그렇지 않다면, 그 이유는?

8. 요한복음 6장 21절을 읽으라. 제자들이 예수님을 배로 영접했을 때 무슨 일이 일어났는가?

9. 당신의 인생에서 가장 격동기에 예수님을 영접한다고 상상해 보라. 예수님은 무엇에 주목하실까? 그분께서 무슨 말씀을 혹은 무슨 행동을 하실 거라고 생각하는가?

- 과거에 예수님께 당신의 폭풍 속으로 들어와 달라고 요청한 적이 있는가?
- 만약 그렇다면, 예수님의 임재가 혼돈을, 절망을, 고통을 어떻게 바꾸었는가?
- 예수님을 당신의 고난과 시련 속으로 초청하기를 주저했던 적이 있는가?
- 그분이 당신의 폭풍 속으로 들어오시도록 하기 위해서 예수님, 예수님의 성품, 예수님의 능력에 관해서 당신은 무엇을 믿어야 했을까?

10. 맥스는 캐서린 울프의 이야기를 전해준다. 그녀는 전직 모델이었지만 치명적인 뇌졸중을 겪었고 그 후 그녀에겐 심각한 장애가 남았다. 비록 지금도 여전히 건강의 문제로 씨름하고 있지만, 그녀는 폭풍 가운데서 하나님을 만났고 그녀의 마음과 생각은 이전보다 훨씬 더 강해졌다. 폭풍의 상황이 이전과 똑같지만 당신이 폭풍 한복판에서 그리스도를 영접한다면, 당신에게 무언가 변화될 게 있을까? 그렇다면, 무엇일까?

11. **103쪽에** 있는 이사야 43장 1-3절, 5절을 다시 읽으라. 그 성경구절의 약속들 중에서 오늘 당신에게 가장 필요한 약속은 무엇인가? 그 이유는?

한 번쯤은 세상에 혼자라고 느꼈던
당신을 위한 하나님의 기적들
You Are Never Alone

07

맹인의 눈을
뜨게 하시다

 난 내 시력이 정상이라고 생각했다. 다른 5학년 동급생들도 칠판을 보면서 내가 보는 흐릿한 선들을 볼 거라고 생각했다. 야구공이 투수의 손을 떠날 때 혹은 풋볼선수가 공을 찰 때 공을 볼 수 있냐고 물어보지 않았다. 난 그저 친구들도 나처럼 배트를 휘두르거나 공을 잡을 시간도 거의 없는 마지막 순간에 공을 보겠거니 짐작했다.

 나는 시력이 나빴다. 하지만 난 그걸 몰랐다. 다른 것도 전혀 몰랐다. 그런데 선생님이 엄마를 불렀다. 엄마는 검안사를 불렀다. 검안사는 나더러 차트에 있는 글자들을 읽어보라고 했다. 그 다음에 내가 알게 된 사실은, 내 손에 첫 안경이 주어졌다는 것이다. 그건 판도를 뒤집는 커다란 사건이었다! 한순간에 흐릿한 선들이 분명해졌다. 야구공이 커졌다. 풋볼을 잡을 수 있게 되었다.

갑자기 얻은 시력의 기쁨을 나는 아직도 기억한다. 나는 콜린스 선생님의 5학년 교실에 앉아 있었다. 안경을 올렸다 내렸다 하면서 흐릿함에서 정상으로, 일그러진 이미지에서 선명한 얼굴로 바뀌는 것에 감탄하고 있었다. 갑자기 나는 볼 수 있게 되었다.

그리스도인들도 이렇게 말한다. 우리는 갑자기 얻게 된 광명의 기쁨을 회상하며 옛 찬송가에 맞춰 이렇게 노래하기를 좋아한다. "나 같은 죄인 살리신 그 은혜 놀라워! 잃었던 생명 찾았고 광명을 얻었네!"[1]

맹인. 삶의 목적에 대한 맹인. 영생의 약속에 대한 맹인. 생명을 주시는 자에 대한 맹인. 하지만 이제 우리의 시력이 회복되었다. 한때 맹인이던 거지가 한 말을 우리도 고백한다. "한 가지 아는 것은 내가 맹인으로 있다가 지금 보는 그것이니이다"(요 9:25).

그의 이야기는 우리의 이야기다. 어쩌면 요한은 그래서 전혀 서두르지 않고 그 이야기를 해준 것일지도 모른다.

이제껏 요한은 간결함의 대명사였다. 물이 포도주가 되는 이야기를 단 열두 절 만에 끝냈다. 베데스다 연못가에서 일어난 치유에는 열다섯 절이 사용됐다. 열네 절 안에서 큰 무리가 먹었고, 단 여섯 절 만에 구주께서 물 위를 걸으셨다. 하지만 요한이 맹인의 눈이 뜨이는 이야기를 묘사하기 위해 종이에 펜을 댈 때에는 서두르지 않았다. 무려 마흔한 절을 할애해서 예수님이 어떻게 그를 발견하고 치료하고 성장시키셨는지를 그려냈다.

왜 그랬을까? 여러 해설 중에 다음과 같은 설명이 있다. 예수님은 맹인 거지의 육체에 행하신 일을 모든 사람의 영혼에 행하시기를, 즉 우리의 영적인 시력을 회복시키시기를 간절히 바라신다는 설명이다.

천국의 관점에서 볼 때, 이 땅에는 맹인들이 살고 있다. 야망에 눈먼 자. 교만에 눈먼 자. 성공에 눈먼 자. "그들이 보아도 보지 못하며"(마 13:13). 그들은 인생의 의미를 보지 못하고 하나님의 사랑을 보지 못한다. 이 세상의 혼란과 혼돈을 달리 어떻게 설명할까? 세계대전에 대한 지속적인 위협, 기아라는 전염병, 낙태의 합법화 등을 말이다. 증가하는 자살률[2]과 아편중독[3]을 달리 어떻게 설명할까? 우리는 더 빠른 비행기, 더 스마트한 폰, 인공지능을 가졌지만, 총으로 서로를 죽이고 약으로 자신을 죽이고 있다.

수십억의 사람들이 그야말로 맹인이다. "그 중에 이 세상의 신이 믿지 아니하는 자들의 마음을 혼미하게 하여 그리스도의 영광의 복음의 광채가 비치지 못하게 함이니 그리스도는 하나님의 형상이니라"(고후 4:4). 우리에겐 영적인 안과의사가 필요하다. 예수님께서 예루살렘 길가의 맹인에게 해주신 일을 우리에게도 해주셔야 한다.

"예수께서 길을 가실 때에 날 때부터 맹인 된 사람을 보신지라"(요 9:1). 아무도 그를 보지 못했다. 그 맹인은 예수님을 따르는 자들의 눈에 띄었을지 모른다. 그들의 시야에 들어왔을지도 모른다. 하지만 그들은 그를 **보지 못했다.**

제자들은 그를 오직 신학적 연구 사례로만 보았다. "제자들이 물어 이르되 랍비여 이 사람이 맹인으로 난 것이 누구의 죄로 인함이니이까 자기니이까 그의 부모니이까"(2절). 그 맹인은 그들에게 영적인 철학 논쟁의 기회를 제공해주었다. 그들은 한 인간을 보지 못했다. 토론의 주제를 보았을 뿐이다.

반면 예수님은 나면서부터 맹인인 한 사람을 보았다. 그 사람은 태양이 떠오르는 것도 본 적이 없고, 보라색과 분홍색을 구별할 수도 없는 사람이었다. 그는 암흑세계에 살고 있었다. 또래의 다른 사람들은 기술을 배웠지만, 그는 길가에 앉아있었다. 다른 사람들은 수입이 있었지만, 그는 돈을 구걸해야 했다. 다른 사람들은 소망의 이유가 있었지만, 그에겐 절망의 이유가 있을 뿐이었다.

그때 예수님께서 그를 **보셨다**.

그리고 예수님께서 당신을 보신다. 이 사건의 첫 번째 교훈은 '환영하심'이다. 당신과 나는 투명인간이 아니다. 우리는 무관심 가운데 방치되지 않는다. 우리는 잊혀진 존재가 아니다. 우리는 스스로를 이름 없는 거지같이 느낄지 모르지만, 이 이야기는 (그리고 이것과 같은 수십 개의 다른 이야기들도) 예수님께서 길가에 있는 우리를 주목하신다고 장담한다. 예수님께서 먼저 움직이신다.

예수께서 대답하시되 이 사람이나 그 부모의 죄로 인한 것이 아니라 그에게서 하나님이 하시는 일을 나타내고자 하심이라 때가 아직 낮이매

나를 보내신 이의 일을 우리가 하여야 하리라 밤이 오니니 그 때는 아무도 일할 수 없느니라 내가 세상에 있는 동안에는 세상의 빛이로라 이 말씀을 하시고 땅에 침을 뱉어 진흙을 이겨 그의 눈에 바르시고 (요 9:3-6).

자, 여기서 당신이 성경에서 읽으리라고는 예상하지 못한 일이 일어났다. 예수님이 침을 뱉으신 거다. 기도를 하셨다면 적절해 보였을 거다. "할렐루야!"였을 거다. 그러나 누가 목구멍 청소하는 소리를 들을 거라 예상했겠는가? 하늘의 침이 땅으로? 만나와 불을 내리신 그 하나님이 타액 방울을 보내셨다. 그리고는 화가가 벽의 구멍에 회반죽을 바르듯이 침착하게 예수님께서 그 남자의 눈에 기적의 진흙을 바르셨다.

물론 선택할 수 있다면, 우리는 진흙보다는 좀 더 쾌적한 무언가로 시력을 되찾기를 선호했을 거다. 날아가는 비둘기 떼나 둥근 무지개 같은 걸로 말이다. 확신하건대, 하나님은 그런 은총을 베푸신다. 그런데 한편으로 하나님은 쾌적하지 못한 것들을 사용하기도 하신다. 실직, 슬럼프, 슬픔 등 '진흙의 순간'을 통해 기적을 주도하시는 것이다.

이 불쾌한 시력 회복 과정의 확실성은 내가 보증할 수 있다. 데날린과 나는 1983년 브라질로 이주했다. 아내는 스물여덟이었고 나는 서른이었다. 우리는 사역이 처음이었고 선교에 대한 열정만 가득했다. 우리는 교회, 큰 교회를 세우는 일에 소명을 느꼈다. 수천 명의 회심자와 수십 년의 섬김을 꿈꿨다. 우리는 순진했다.

그런 우리를 향수병이 구름처럼 덮었다. 나는 언어를 배우기 위해 고군분투했다. 코파카바나 해변에서 나체에 가까운 차림으로 해수욕을 하는 사람들은 '문화충격'이라는 단어에 새로운 의미를 부여해주었다. 브라질인들은 친절했지만 언어가 어눌한 풋내기 미국인들의 사역에는 무관심했다.

몇 주. 몇 달. 1년. 2년. 우리 교회는 성장이 없었다.

선교사들로 구성된 우리 팀은 전략과 방향을 놓고 옥신각신하며 씨름했다. 건물을 살까? 방송을 시작할까? 길거리 설교를 할까? 그러다가 최종적으로 돌파구가 마련됐다. 한 동료가 우리가 복음을 설교하지 않는다며 죄책감을 느낀다고 고백했다. (어떻게 그럴 수 있지?) 그는 우리가 선교사로서 열린 성경, 열린 마음으로 만나서 복음의 핵심을 발견해야 한다고 촉구했다. 그래서 우리는 그렇게 했다.

몇 번의 월요일이 흐르는 동안, 우리는 성경을 읽고 또 읽었다. 내가 팀 전체를 대표할 수는 없지만, 어쨌건 나는 분명하게 보기 시작했다. 성경의 가장 큰 뉴스는? 옥외 광고를 할 가치가 있는 메시지는? 바로 예수님께서 나의 죄를 위하여 죽으셨고 무덤에서 살아나셨다는 소식이었다. 그 이상도 그 이하도 아니었다.

그건 마치 누군가가 망원경 렌즈의 초점을 맞춰준 것과 같았다. 그래서 나는 볼 수 있었다. 생생하게. 명확하게. 내 눈에서 비늘이 떨어져 나갔다.

우리는 복음의 메시지에 초점을 맞추기 시작했고, 우리의 작은 교회는 성장하기 시작했다. 그리고 우리도 성장하기 시작했다. 우리는 은혜와 사랑과 소망 안에서 자라났다. 그 기간 나는 "구주로 불리기에 합당하신 분"(No Wonder They Call Him the Savior)이라는 제목의 책을 썼는데, 약 30년이 지난 오늘날까지 내가 쓴 글 가운데 가장 널리 인정받은 저작 중 하나가 되었다. 사실 그것은 예수님께서 내게 주신 일상적인 '계시'에 지나지 않는다.

그 모두가 오랜 두려움, 좌절, 실패로부터 시작했다. 내 눈에 발린 진흙이었다.

당신도 할 말이 있는가? 만약 그렇다면, 예수님이 부재하시다거나 당신의 씨름에 대해 모르신다고 억측하지 말라. 정반대다. 예수님은 그것을 사용하시어 당신에게 그분을 계시하신다. 당신이 그분을 보기 원하신다! 맹인에게 하신 것과 마찬가지로 말이다.

예수님은 맹인에게 말씀하셨다. "실로암 못에 가서 씻으라 … (실로암은 번역하면 보냄을 받았다는 뜻이라)"(요 9:7). 실로암은 지하수로부터 '보냄을 받았다.' 요한은 여기서 절묘한 포인트를 만들고 있다. 요한은 그의 복음서에서 이제까지 적어도 스무 번 이상 예수님을 아버지로부터 보냄을 받은 자로 언급했다.[4] 자, 이제 우리의 실로암으로 가서 하늘로부터 '보냄 받은 자' 예수님을 보자.

실로암에 접근하려면 돌을 깎아 만든 계단을 내려가야 하는데, 다섯 개의 계단이 총 세 단이 있었다.[5] 누구에게도 평이한 길이 아니었고, 맹인에게는 더더욱 그랬다. 하지만 그는 해냈다. 그는 더듬더듬 물을 향해 내려갔다. 실로암 못가에 몸을 기울이고는 얼굴에 물을 끼얹어 눈을 씻어내기 시작했다. 그러는 동안 그는 수면 위로 잔물결을 보았고 반짝이는 태양 빛을 보았다. 자기 손가락이 구부러지고 펴지는 것을 보았다. 또 다시 물을 끼얹자 반대편에 서 있는 사람들의 형체를 볼 수 있었다. 어느 순간, 그는 볼 수 있었다.

"그리스도의 제자가 되려면 무엇을 알아야 합니까?" 자주 받는 질문이다. 이 이야기가 한 가지 답을 제공한다. 그 남자는 동정녀 탄생이나 팔복에 대해 전혀 몰랐다. 그가 제자도나 성령님의 의미를 알았을까? 아니다. 그가 안 것은 오직, 예수라 이름하는 한 사람이 진흙을 이겨 자기 눈에 발랐고 가서 씻으라고 한 것뿐이다. 그가 시력을 얻은 건, 그에게 그럴만한 자격이 있다거나, 노력해서 얻었다거나, 찾아냈기 때문이 아니다. 다만 그가 "눈먼 자들의 눈을 밝히"(사 42:7)기 위해 보냄을 받은 분을 믿고 순종했기 때문이다.

지금도 마찬가지다. 예수님은 여전히 눈먼 자들을 찾으셔서 그들의 눈을 밝히신다. 그분은 사역을 통해 "눈 먼 자에게 다시 보게 함을"(눅 4:18) 약속하셨다.

사도 바울은 "그 눈을 뜨게 하여 어둠에서 빛으로 사탄의 권세에서 하나님께로 돌아오게 하"(행 26:18)기 위해 이방인에게 보냄을 받았다.

그리스도는 빛을 주고 눈을 뜨게 하기 위해 오셨다.

예수님이 무슬림 세계에서 하시는 일을 생각해 보라. 무함마드 이후의 1천4백 년보다 지난 수십 년 동안에 더 많은 무슬림들이 그리스도인이 되었다.⁶⁾ 그리고 무슬림 배경을 가진 신자들 세 명 중 한 명은 구원의 경험 이전에 꿈이나 환상을 보았다.⁷⁾

리 스트로벨은 저서 『기적인가 우연인가』에서 동시대 무슬림들이 경험하는 꿈과 환상에 관한 전문가인 톰 도일을 인터뷰했다. 도일은 사람마다 같은 이미지를 보는 현상을 설명했다. 흰옷을 입은 예수님이 그들에게 "내가 너를 사랑한다", "내가 너를 위해 죽었노라"라고 말씀하시며 "나를 따르라"라고 강권하신다는 것이었다. 그런 일은 시리아, 이란, 이라크에서 일어나고 있다.

크리스천 봉사활동 단체가 신문에 광고를 실었듯이, 이집트에서도 여러 번 일어났다. 광고는 이렇게 질문했다. "꿈에 흰옷을 입은 남자를 보았습니까? 그분이 당신에게 전하고픈 메시지가 있습니다. 이 번호로 전화주세요."⁸⁾

도일은 전 세계 무슬림의 50퍼센트가 글을 읽을 수 없기 때문에 예수님이 꿈과 환상을 통해 그들에게 다가가신다고 설명한다. 그들 중 86퍼센트는 그리스도인을 알지 못하기에 예수님이 직접 그들에게 가신다고 말이다.⁹⁾

예수님은 영적인 맹인들을 뜨겁게 추적하신다. 그들은 전 세계 어느 거리 어느 골목에나 있다. 그분이 그들을 찾아내신다. 그리고 그들을 만지신다. 환상을 사용하실 수도 있고, 어느 누군가의 친절함이나 한 편의 설교 메시지나 창조 세계의 눈부심을 사용하실 수도 있다. 다만 믿으라. 그분은 눈먼 자들의 눈을 밝히러 오셨다.

눈을 밝히는 임무는 예수님께 맡겨진 것이다. 구약에는 눈먼 자가 고침을 받았다는 이야기가 전혀 없지만, 신약에는 많다. 딱 한 번을 제외하고는, 시력이 회복되는 사건은 전부 다 예수님에 의해 이루어졌다. 마치 눈을 밝히는 기적은 예수님께서 오로지 자신을 위해 남겨 놓으신 것만 같다.[10]

예전에 맹인이던 그 사람의 남은 이야기를 안다면, 그가 매 순간 저항에 부딪혔다는 사실을 기억할 것이다. 그의 이웃들은 그를 믿지 않았다. 종교지도자들은 그를 추방했고, 그의 부모도 그를 변호하기를 거절했다(요 9:8-9, 20-21, 34).

불쌍한 그 남자는 '아무것도 볼 수 없음'에서 '저항밖에 볼 수 없음'으로 바뀌었다. 그가 예루살렘의 유일한 맹인이 아니었음이 분명하다. 종교지도자들은 그를 불러 해명하게 했다.

그들이 이르되 그 사람이 네게 무엇을 하였느냐 어떻게 네 눈을 뜨게 하였느냐 대답하되 내가 이미 일렀어도 듣지 아니하고 어찌하여 다시 듣고자 하나이까 당신들도 그의 제자가 되려 하나이까 그들이 욕하여 이르되 너는 그의 제자이나 우리는 모세의 제자라 하나님이 모세에게는 말씀하신 줄을 우리가 알거니와 이 사람은 어디서 왔는지 알지 못하노라(요 9:26-29).

종교지도자들은 잠긴 마음을 열 수도 있었다. 진짜 기적이 일어났는데, 그들은 그 기적을 일으킨 분을 만나려고 했는가? 기적이 적어도 놀라움을 자아냈어야 하지 않을까? 잠시 멈추어 생각해볼 이유는 돼야 하지 않았을까? 그들은 자신과 자신의 종교 외에는 아무것도 보지 않았다. 이 이야기에서 누가 맹인일까?

찰스 스펄전은 말했다. "그리스도를 방해하는 것은 우리의 작음이 아니라 우리의 큼이다. 그리스도를 방해하는 것은 우리의 약함이 아니라 우리의 강함이다. 그리스도를 방해하는 것은 우리의 어둠이 아니다. 그분의 손을 저지하는 것은 우리가 빛이라 여기는 그것이다."[11]

종교지도자들은 보기를 거부했기 때문에 그 사람을 쫓아 보내었다 (요 9:34). 맹인이었던 그 사람은 자신을 변호해주는 사람도 없이 성전에서 쫓겨났다.

"예수께서 그들이 그 사람을 쫓아냈다 하는 말을 들으셨더니 그를 만나사"(35절). 그리스도는 그 사람을 무방비 상태로 내버려 두지 않으셨다. 그분이 당신에게도 마찬가지로 하실 거란 걸 예상할 수 있다. 당신이 그분을 믿으면, 그분은 이렇게 약속해주신다. "그들을 내 손에서 빼앗을 자가 없느니라"(요 10:28).

다른 이들은 당신을 버릴지 모른다. 당신의 가족은 당신을 거부할지 모른다. 종교단체는 당신을 묵살할지 모른다. 하지만 예수님은? 그분은 당신을 찾아내실 거다. 그분은 당신을 인도하실 것이다.

예수께서 그들이 그 사람을 쫓아냈다 하는 말을 들으셨더니 그를 만나사 이르시되 네가 인자를 믿느냐 대답하여 이르되 주여 그가 누구시오니이까 내가 믿고자 하나이다 예수께서 이르시되 네가 그를 보았거니와 지금 너와 말하는 자가 그이니라 이르되 주여 내가 믿나이다 하고 절하는지라(요 9:35-38).

이야기는 '그리스도에게 발견된 맹인'에서 시작된다. 그리고는 '그리스도께 경배하는, 과거에 맹인이던 자'로 끝난다. 우리 모두를 향한 그리스도의 간절한 바람이 아닐까?

그리스도를 제외한 우리는 모두 맹인이다. 우리는 우리의 목적을 보지 못한다. 우리의 미래를 보지 못한다. 문제와 고통에서 벗어나는 길을 보지 못한다. 예수님을 보지 못한다. 하지만 예수님이 우리를 보신다. 머리끝부터 발끝까지. 그분은 우리에 관해 모든 것을 아신다.

5학년 때 검안사가 나의 시력을 검사했다. 만약 하나님께서 당신의 영적 시력을 검사하신다면, 당신은 통과할 수 있을까? 인생의 의미를 볼 수 있을까? 영생을 볼 수 있는 시력을 갖추었을까? 무엇보다도, 당신을 향한 하나님의 위대한 사랑을 볼 수 있을까? 당신의 얼굴에서 느껴지는 손은 그분의 손이다. 당신이 듣는 음성은 그분의 음성이다.

인생을 눈이 먼 채 더듬더듬 살아가는 것은 그분의 뜻이 아니다. 그분은 우리가 왜 이 땅에 있는지, 어디로 가고 있는지를 알기 원하신다. 우리의 시력은 예수님께 중요하다. 예수님은 우리에게 보는 법을 알려주시기 위해 무슨 일이든 하실 것이다.

● 기적을 발견하는 묵상 질문

1. 이제까지 요한복음에 기록된 다른 기적들과 비교할 때, 요한이 7장에서 논의한 기적을 기록하는 방식에는 어떤 차이점이 있는가? 요한은 왜 그렇게 했을까?

2. 빈칸을 채우라. "예수님은 맹인 거지의 육체에 행하신 일을 모든 사람들의 _____ 행하시기를, 즉 우리의 _____ 을 회복시키시기를 간절히 바라신다."(115쪽 참고)

   - 그런 종류의 영적인 시력을 경험해본 적이 있는가? 회심했을 때나 예수님에 관하여 더 깊은 진리를 이해했을 때가 아닐까? 만약 그렇다면, 그 순간이 어땠는지 설명해 보라.
   - 그 때에 이르기까지 당신은 무엇에 대해 맹인이었는가?
   - 새로운 방식으로 보는 것은 무엇과 같았는가?
   - 어쩌면 당신은 신앙에서는 이런 경험이 없었지만 삶에서는 경험했을지 모르겠다. 당신의 눈을 열어줄 만큼 무언가 혹은 누군가에 대해 더 깊게 이해하게 된 적이 있었는가? 만약 그렇다면, 그 경험이 어땠는지 설명해 보라.
   - 당신이 명확하게 보는 데에 무엇이 필요했는가?
   - 그 경험이 어떻게 당신을 더 깊은 신앙으로 인도할 수 있을까?

3. 요한복음 9장 1-2절을 읽으라. 제자들이 맹인을 보는 방식과 예수님이 맹인을 보는 방식에는 어떤 차이점이 있는가? 맥스는 이 차이점이 그 기적에서 배울 수 있는 첫 번째 교훈을 제시해준다고 말한다. 그 교훈은 무엇인가?

4. 요한복음 9장 3-7절을 읽으라. 예수님은 그 맹인을 어떻게 치유하셨는가?

- 그분이 그를 그런 식으로 치유하기로 선택하신 이유가 무엇이라고 생각하는가?
- 당신에게 "진흙의 순간"(더 나은 명철로 인도해주는 힘겨운 교훈들)은 무엇인가?
- 은유적 의미에서의 진흙이 당신의 눈에 발라질 때 당신은 어떻게 느꼈는가?
- 진흙이 제거되었을 때 당신은 어떻게 느꼈는가?
- 하나님께서 우리에게 그런 식으로 가르치시는 이유가 무엇이라고 생각하는가?
- 어쩌면 당신은 지금 "진흙의 순간"을 지나는지도 모른다. 예수님께서 당신에게 무엇을 계시하실 계획이신 것 같다고 생각하는가?

5. 예수님은 맹인에게 실로암 못에 가서 씻으라고(요 9:7) 요구하심으로써 치유의 기적을 계속해가셨다. 맥스는 눈이 보이지 않는 사람이 실로암 못으로 가는 길은 험난했을 거라고 지적한다. 그 맹인이 그 일을 해낸 이유가 무엇이라고 생각하는가?

- 하나님께서 당신에게 어려운 일을 요구하셨는데 당신은 그 이유를 알 수 없었던 적이 있는가?
- 만약 그렇다면, 당신은 순종했는가 아니면 거절했는가? 그 결과 무슨 일이 일어났는가?
- 이 내용은 맹인의 성격에 대해 무엇을 알려주는가?

6. 요한복음 9장 13-20절을 읽으라. 바리새인들은 맹인의 치유됨에 대해 어떻게 반응했는가?

- 맹인은 바리새인들에게 어떻게 반응했는가?
- 당신의 영안이 열렸을 때, 당신 주변의 사람들은 당신의 새로운 세계관이나 이해에 대해 회의적이었는가?
- 만약 그렇다면, 그들이 회의적이었던 이유가 무엇이라고 생각하는가?
- 그들의 의심이 당신에게 어떤 감정을 낳았는가? 당신과 당신의 경험을 변호하기 위해 (만약 있다면) 무엇이라 말했는가?

7. 바리새인들은 결국 그 맹인을 회당 밖으로 내쫓았다. 그것은 유대 공동체에서의 배척을 의미하는 심각한 일이었다. 바리새인들이 그렇게까지 한 이유가 무엇이라고 생각하는가?

- 교회지도자들이 자신들을 위협하거나 불편하게 하는 진실을 말하는 누군가를 꺼리는 예를 떠올릴 수 있는가?
- 진실은 왜 때로는 공격적이라고 느껴질까?

8. 요한복음 9장 35-41절을 읽으라. 그 기적은 맹인에게 육체적 시력을 회복해준 것 이상으로 어떤 궁극적인 영향을 주었는가?

- 비록 그는 예수님의 능력에 대해 말했기 때문에 공동체에서 쫓겨났지만, 맹인은 예수님이 그를 찾으셨을 때 여전히 예수님께 말을 걸었다. 게다가 맹인은 예수님을 하나님의 아들로 믿었다. 그가 그렇게 믿은 이유가 무엇이라고 생각하는가?
- 41절의 예수님에 의하면, 바리새인들로 하여금 죄책감을 느끼게 만든 것은 무엇인가?
- 뭔가를 안다고 주장하다가 결국 모르는 걸 깨닫고는 죄책감을 느껴본 적이 있는가? 만약 그렇다면, 당신이 잘못 이해한 것은 무엇이었는가? 무엇이 혹은 누가 당신의 눈을 뜨게 해주었는가?
- 오늘 하나님께서 당신의 인생에서 무언가를 도전하고 계시는가? 어쩌면 당신은 무언가 혹은 누군가를 안다고 생각하는데 하나님께서 당신에게 더 깊이 알라고 혹은 다르게 알라고 밀어붙이시고 계신지 모르겠다. 설명해 보라. 그리고 그것을 그리스도의 관점으로 이해하게 해달라고 하나님께 도움을 요청하라.

9. 7장의 기적을 통해 깨달은 교훈 중에서 오늘 당신에게 가장 유익한 것은 무엇인가? 그리고 그 이유는?

한 번쯤은 세상에 혼자라고 느꼈던
당신을 위한 하나님의 기적들
You Are Never Alone

08

무덤을
비우는 목소리

나는 언젠가 일 년 같은 주말을 묘지에서 보낸 적이 있다. 금요일에 도착해서 주일에 떠났는데, 도착하고 떠나기까지의 사흘이 열두 달처럼 느껴졌다.

묘지 방문은 내 큰 형의 아이디어였다. 그는 대학교 새내기 열아홉이었고, 나는 고등학교 1학년 열여섯이었다. 형은 우리가 자란 아주 작은 마을을 번영하는 대도시와 맞바꾸었는데, 텍사스주 러벅시에는 수십만 명의 주민이 있고 텍사스기술대학과 러벅기독대학이 있으며 레스트헤븐 장례식장과 묘지가 있었다.

그 장례식장의 책임자는 영업시간 외 관리자로 대학생을 고용하는 걸 관행으로 삼았다. 내 형에게 그곳은 좋은 일자리였다. 몇 번의 밤 순찰을 도는 대가로 형에게는 최저임금과 손전등과 관 진열실 옆에 붙어있는 원룸형 아파트가 주어졌다. 여자 친구를 데려오기에 참신한 공간이었다.

하지만 알고 보니 그녀는 그 건물에 발을 들여놓으려 하지 않았다. 그래서 형은 나를 불렀다. (함께 주말을 보내기 위해 어린 남동생을 초대하다니 얼마나 지겨웠으면 그랬겠는가?)

그곳에 도착하기 전까지는 재밌을 것 같다는 생각을 했다. 그런데 바깥에 주차되어 있는 검은 영구차들을 보았다. 창고에서 손질이 덜 끝난 묘비들을 보았고 관 진열실에서 판매용 관들을 보았다. 벽장에서 무덤을 파는 일꾼들이 쓰는 장비들을 보았고 '방부처리'라고 쓰인 문의 표지를 보았다. 형은 그 장소가 멋지다고 생각했고, 나는 오싹하다고 생각했다. 나는 금요일 다섯 시에 도착해서 다섯 시 15분부터 떠날 채비를 했다.

당신도 분명히 눈치챘겠지만, 장례식장은 집이 아니다. 아무리 잔디가 깔끔하게 손질되어있고 시설이 멋져도, 누가 묘지에 오래 머물고 싶겠는가? 간판에는 '영원한 안식' 혹은 '평안의 계곡'이라고 쓰여 있겠지만, 우리는 그곳에서 안식과 평안을 찾지는 않는다. 우리가 묘지를 찾는 것은 조의를 표하고 작별을 고하기 위해서다. 소풍? 공놀이? 원반 던지기? 말도 안 된다. 우리는 가능한 한 빨리 그 자리를 뜨고 싶어 한다.

모든 묘비는 우리에게 상기시켜준다. 인생은 두 날짜 사이의 하이픈에 불과하다고. 모든 장례식은 우리에게 말해준다. 우리의 시간도 다가오고 있다고. 죽음이란 정녕 심각한 주제다. 우리는 죽음과의 약속 시간을 연기하기 위해 할 수 있는 건 뭐든 다 한다. 더 많이 운동하고, 좀 더 건강한 음식을 먹고, 주름을 막기 위해 크림을 바르고, 몸을 위해 비타민을 산다. 하지만 결국 이생에는 끝이 있다.

이런, 맥스, 굳이 상기시켜주다니 참 친절도 하시군요. 당신의 말은 내 발걸음에 생기를 불어넣기 위해 꼭 필요했답니다.

당신이 옳다. 우리는 분위기를 밝게 하기 위해 무덤 얘기를 꺼내지는 않는다. 묘지는 영감을 받기에 일반적인 장소가 아니다. 하지만 베다니 옆 무덤은 예외였다. 그 한 가지 예외가 지극히 이례적이다.

어떤 병자가 있으니 이는 마리아와 그 자매 마르다의 마을 베다니에 사는 나사로라 이 마리아는 향유를 주께 붓고 머리털로 주의 발을 닦던 자요 병든 나사로는 그의 오라버니더라 이에 그 누이들이 예수께 사람을 보내어 이르되 주여 보시옵소서 사랑하시는 자가 병들었나이다 하니 (요 11:1-3).

요한은 11장을 여는 말에 현실성을 부여해 무게를 더한다. "어떤 병자가 있으니 … 나사로라." 당신의 일기장에도 이에 견줄만한 문장이 있을 것이다. "피곤에 찌든 여자가 있으니 이름은 주디였다." "혼란스러워하는 아빠가 있으니 그의 이름은 톰이었다." "슬픔에 빠진 청년이 있었으니 바로 소피아였다."

나사로는 진짜 문제를 가진 진짜 인물이었다. 그는 병들었다. 그의 몸은 통증을 느꼈다. 열이 치솟았다. 속이 뒤틀렸다. 하지만 그에겐 그를 위한 무언가가 있었다. 아니, 좀 더 잘 설명하자면, 그에겐 그를 위한 **누군가**가 있었다. 그분은 예수라는 이름의 친구였다. 물을 포도주로 바꾸고 폭풍을 잠잠케 하고 도시락을 뷔페로 만드신 그 예수님이었다. 다른 사람들은 그리스도의 팬이었지만, 나사로는 그분의 친구였다.

그래서 나사로의 누이들은 예수님께 직접적이고 간결하게 메시지를 보냈다. "주여 보시옵소서 사랑하시는 자가 병들었나이다."

누이들은 예수님의 사랑에 호소하면서 자기들의 문제를 진술했다. 어떻게 반응해달라고 말하지 않았다. 넘겨짚지 않았다. 과하지도 덜하지도 않았다. 그저 한 문장에 자기들의 관심 사항을 담아 예수님께 보냈다. 어쩌면 그게 우리에게 주는 교훈일까?

그리스도는 도와주시겠다는 약속으로 나사로의 위기에 답하셨다. "예수께서 들으시고 이르시되 이 병은 죽을병이 아니라 하나님의 영광을 위함이요 하나님의 아들이 이로 말미암아 영광을 받게 하려 함이라 하시더라"(요 11:4).

이 약속은 자칫 오해하기가 쉬웠을 거다. 듣는 이가 "나사로가 죽음을 맞이하지 않을 것이다" 혹은 "죽음을 이겨낼 것이다"라고 이해해도 그럴듯하다. 하지만 예수님은 다른 약속을 하셨다. "이 병은 죽음으로 끝나지 않을 것이다." 우리가 알다시피, 나사로는 죽음의 계곡에서 자신을 발견하겠지만 그곳에 머물지는 않을 것이다.

메시지를 전달받은 사람은 서둘러 베다니로 향하여 가족들에게 용기를 내라고 소망이 있다고 말했을 게 틀림없다.

하지만 예수님은 "나사로가 병들었다 함을 들으시고 그 계시던 곳에 이틀을 더 유하"(6절)셨다.

건강의 위기는 지체될수록 악화된다. 나사로가 누이들에게 "예수님은 아직이셔?"를 물은 게 몇 번이겠는가? 누이들이 나사로의 뜨거운 이마를 닦아낸 게 몇 번이며, 얼마나 자주 예수님의 오심을 구했겠는가? 그들은 서로에게 "이제 곧 예수님이 오실 거야"라고 장담하지 않았겠는가?

하지만 하루, 이틀, 시간이 흘렀다. 예수님은 오시지 않았다. 나사로가 시름시름 죽어가기 시작했다. 예수님은 오시지 않았다. 나사로가 죽었다. 예수님은 오시지 않았다.

"예수께서 와서 보시니 나사로가 무덤에 있은 지 이미 나흘이라"(17절). 이스라엘 랍비의 신앙은 사흘 동안은 영혼이 육체에 머물지마는 나흘째 되는 날 영원히 떠난다고 가르쳤다.[1] 예수님은 하루 늦으셨다. 아니 그렇게 보였다.

누이들은 예수님이 늦으셨다고 생각했다. "마르다는 예수께서 오신다는 말을 듣고 곧 나가 맞이하되 마리아는 집에 앉았더라 마르다가 예수께 여짜오되 주께서 여기 계셨더라면 내 오라버니가 죽지 아니하였겠나이다"(20–21절).

마르다는 예수님께 실망했다. "주께서 여기 계셨더라면." 그리스도는 그녀의 기대를 저버리셨다. 예수님이 오실 때까지 나사로는 거의 일주일을 죽은 채로 있었다. 요즘이라면, 그의 시체는 이미 방부처리를 하거나 화장되었을 것이고, 신문에 부고가 실렸을 것이다. 장지를 구매했을 것이고, 장례식 계획도 얼추 나왔을 것이다.

내가 수많은 장례식을 계획해봤기 때문에 잘 안다. 게다가 셀 수 없이 많은 추모식에서 나는 나사로 이야기를 전했다. 감히 관 옆에 서서 현대판 마르다들, 마리아들, 마태들, 마이클들의 얼굴을 들여다보며 말했다.

"어쩌면 당신도 마르다처럼 실망했을지 모릅니다. 당신도 예수님께 병에 대해 말했겠지요. 병실 침대에서 기다렸겠지요. 회복실에서 밤샘 간호를 했겠지요. 예수님께 당신이 사랑하시는 자가 병들었다고, 병이 깊어간다고, 죽어간다고 말했겠지요. 그런데 이젠 죽음이 찾아왔습니다. 여러분 중에 어떤 이들은 마리아처럼 사별 후에 말을 잃었을 수도 있겠지요. 어떤 이들은 마르다처럼 너무 혼란스러워 침묵할 수가 없을지도 모르겠네요. 당신은 마르다의 신앙을 따르겠습니까?"

마르다의 말을 다시 한번 보라. "주께서 여기 **계셨더라면** 내 오라버니가 죽지 아니하였겠나이다 그러나 나는 **이제라도** 주께서 무엇이든지 하나님께 구하시는 것을 하나님이 주실 줄을 아나이다"(21–22절).

21절의 "계셨더라면"과 22절의 "이제라도" 사이를 얼마나 자주 오갔을 거라고 생각하는가? 그녀의 어조가 변한 건 무엇 때문이었을까? 그리스도의 말씀에서 뭔가를 발견했을까? 과거에 주신 약속을 기억했을까? 그분의 손이 그녀의 눈물을 닦아주셨을까? 그분의 확신이 그녀의 두려움을 잠잠케 했을까? 무언가가 마르다를 움직여 불평에서 신앙고백으로 나아가게 했다.

예수님은 죽음에 도전하는 약속으로 응답하셨다. "예수께서 이르시되 네 오라비가 다시 살아나리라 마르다가 이르되 마지막 날 부활 때에는 다시 살아날 줄을 내가 아나이다 예수께서 이르시되 나는 부활이요 생명이니 나를 믿는 자는 죽어도 살겠고 … 이것을 네가 믿느냐"(23-26절).

드라마 같은 순간이 왔다.

예수님께서 누구에게 질문하셨는지를 생각해 보라. 사별을 겪어 비통해하는 누이다. 예수님께서 어디에서 질문하셨는지를 생각해 보라. 묘지 근처, 아니 어쩌면 한복판에서다. 예수님께서 언제 질문하셨는지를 생각해 보라. 나흘이나 지나서다. 그분의 친구 나사로는 나흘 전에 죽었다. 나흘 전에 묻혔다.

마르다에겐 예수님을 포기할 시간이 충분했다. 그런데 지금 예수님은 죽음에 대해 그분의 권위를 행사하는 담대함을 가지고 물으신다. "마르다야, 이것을 네가 믿느냐? 내가 만물의 주, 심지어 이 무덤의 주라는 것을 믿느냐?"

어쩌면 마르다는 승리를 확신하는 천사와 함께 경쾌하게 대답했을지도 모른다. 주먹을 공중에 휘두르면서 희망찬 얼굴로 말이다. 원한다면 그녀의 대답에 열두 개의 느낌표를 찍을 수도 있다. 하지만 나라면 그러지 않을 거다. 내게는 머뭇거리며 침을 삼키는 소리가 들린다. "주여 그러하외다 주는 그리스도시요 세상에 오시는 하나님의 아들이신 줄 내가 믿나이다"(27절)라는 자신 없는 목소리가 들린다.

예수님이 죽은 자를 살리실 수 있다고 말할 준비가 마르다는 되어 있지 않았다. 그럼에도 예수님께 삼중으로 경의를 표하며 "그리스도," "하나님의 아들," "세상에 오시는 [이]"라고 높였다. 마르다는 최대한의 용기를 발휘하여 겨자씨와 같은 신앙고백을 했다. 예수님께는 그것으로 충분했다.

마르다는 여동생을 불러왔다. 마리아는 그리스도를 보고 흐느꼈다. "예수께서 그가 우는 것과 또 함께 온 유대인들이 우는 것을 보시고 심령에 비통히 여기시고 불쌍히 여기사 이르시되 그를 어디 두었느냐 이르되 주여 와서 보옵소서 하니 예수께서 눈물을 흘리시더라"(33-35절).

예수님이 눈물 흘리신 것은 무엇 때문일까? 친구의 죽음 때문에 우셨을까? 아니면 죽음이 친구들에게 끼친 영향력 때문이었을까? 슬픔 때문에 우셨을까? 아니면 분노 때문에? 죽음이라는 현실, 그리고 그것이 사람에게 미치는 지배력 때문에 마음이 아프셨을까?

마지막 이유였음이 틀림없다. 왜냐하면 낙심한 예수님이 아닌 단호한 예수님이 지휘권을 쥐셨기 때문이다. 예수님은 그들에게 돌을 옮겨 놓으라고 하셨다. 마르다는 망설였다. 누군들 그러지 않겠는가? 예수님은 단호하셨다. 마르다는 받아들였다. 그러자 명령이 떨어졌다. 시체에게 내려진 명령으로서는 유일할 게 틀림없다. 불가능한 상황에서도 하나님께 감사드리기를 좋아하는 예수님은 여기서도 감사 기도를 드리셨다. "이 말씀을 하시고 큰 소리로 나사로야 나오라 부르시니 죽은 자가 수족을 베로 동인 채로 나오는데 그 얼굴은 수건에 싸였더라 예수께서 이르시되 풀어 놓아 다니게 하라 하시니라"(43-44절).

오, 당신이 이 구절을 읽은 게 처음이라면 좋겠다. 그렇다면 당신의 눈이 접시만큼 커졌을 것이다. 책을 떨구고 천국을 올려다봤을 것이다. "정말 그러셨어요? 무덤 앞에서 죽은 사람한테 나오라고 소리치셨어요?" 하고 말이다.

그렇다! 예수님이 하신 것은 제안이 아닌 명령이었다. 아이디어가 아닌 지시였다. 초대가 아닌 호출이었다. 예수님은 "큰 소리로 … 부르"(43절)셨다. 큰 목소리로 외치셨다.[2]

부활이요 생명이신 분이 죽음의 동굴에 명령을 내리셨다. 천국 어디선가 천사는 목자의 친숙한 음성을 듣고 미소 지었다. 지옥 어디선가 원수는 "오, 안 돼"라고 중얼거렸다.

"나사로야, 나오라." 하나님의 음성은 천국에 들어가는 길을 찾을 때까지 동굴 벽을 타고 메아리쳤다. 그때 천국에선 건강하고 행복한 모습의 나사로가 모퉁이 카페에 앉아 라떼를 홀짝이며 모세에게 직접 출애굽 이야기를 듣고 있었을지 모른다.

"나사로야!"

그는 자기 이름을 듣고 모세를 바라봤다. 그 선조는 어깨를 으쓱하며 말했다. "가야 하네, 친구."

나사로는 이승으로 돌아가고 싶지 않았다. 난 그건 확신한다. 하지만 예수님이 명령하시면 그의 제자들은 순종해야 한다. 나사로는 그것을 확신했다. 그래서 그의 영혼은 천국에서 내려와 하늘을 뚫고 베다니 묘지에 이르렀다. 그의 영이 들어가자 그의 몸은 다시 생기를 얻었다. 그는 일어서서 무덤 입구를 향해 움직였다.

"풀어 놓아 다니게 하라"(44절). 예수님께서 말씀하셨다.

"베다니 기적의 메시지를 놓치지 마세요." 장례식장에서 내가 즐겨 하는 말이다. 어쨌거나 장례식이므로 너무 발랄해지지 않으려고 신경 쓰긴 하지만, 그럼에도 나는 조금 흥분한다. "당신은 절대로 혼자가 아닙니다. 예수님께서 인생의 묘지에서 우리를 만나주십니다. 우리가 작별을 고하기 위해 그곳에 있건, 땅에 묻히기 위해 그곳에 있건, 우리는 하나님의 임재를 의지할 수 있어요."

그분은 "죽은 자와 산 자의 주"(롬 14:9)이시다. 앙코르가 예정되어 있다. 나사로는 리허설이었을 뿐이다. 예수님께서 언젠가 소리치실 것이고 이어서 많은 성도의 무리가 모이기 시작할 것이다. 묘지, 바닷속, 전쟁터, 불탄 건물, 그리고 고인이 안식하고 있는 다른 모든 장소가 죽은 자들을 내놓을 것이다. 그들이 어떤 상태로 발견되건 그들은 그리스도의 임재 안에서 재구성되고 부활해서 재등장할 것이다.

성도의 구원은 영혼의 속량뿐만 아니라 영혼과 육체의 재조합이기도 하다.

피조물이 다 이제까지 함께 탄식하며 함께 고통을 겪고 있는 것을 우리가 아느니라 그뿐 아니라 또한 우리 곧 성령의 처음 익은 열매를 받은 우리까지도 속으로 탄식하여 양자 될 것 곧 **우리 몸의 속량**을 기다리느니라(롬 8:22-23).

우리는 **몸으로부터의** 속량이 아니라 **몸의** 속량을 기다린다. 완전한 인간성을 되찾을 것이다. 우리는 "심히 기묘"(시 139:14)하게 지음 받았지만 "들의 꽃"(사 40:6)과 같이 약하고 일시적이다. 우리의 약함은 짧은 수명이다. 그리스도와 함께한 상속자인 우리는 그분의 것인 구원을 누릴 것이다. "우리가 … 또한 그의 부활과 같은 모양으로 연합한 자도 되리라"(롬 6:5).

이것을 네가 믿느냐? 예수님이 마르다에게 던지신 질문은 당신에게 던지는 질문이기도 하다.

죽음은 위대한 동점 골이다. 억만장자와 소작농이 공통으로 가진 게 무엇인가? 둘 다 죽는다는 것이다. 우리는 누구나 죽는다. 하지만 모두가 동일한 방법으로 죽음을 맞이하지는 않는다. 부활한 나사로의 이야기에서 배우라. 예수님의 권위는 무덤에까지 미친다.

이것을 **네가** 믿느냐? 교회가, 가족이, 부모가, 사회가 아니라 당신

말이다. 그 질문은 개인에게 물으신 거다. 게다가 정확하다.

이것을 네가 믿느냐? 그리스도께서 그분의 신성에 대해, 그리고 당신의 운명에 관해 주장하신 그 내용을 믿느냐는 거다. 예수님은 무덤을 다스리는 주님이시다. 그분의 음성이 무덤을 비울 수 있다. 그리고 당신도 나사로의 순간을 맞이하게 된다. **이것을** 당신은 믿는가?

조지 H. W. 부시는 믿었다. 미합중국 제41대 대통령이었던 그보다 더 약동하는 인생을 산 사람도 드물다. 전투기 조종사. 국회의원. 대사. CIA 임원. 8년간의 부통령. 4년간의 대통령. 그는 권력을 쥐었고 영향력을 미쳤다. 그와 같은 이는 역사상 소수에 불과하다. 하지만 2018년 11월 29일, 그런 건 중요하지 않았다. 아흔네 살의 그는 노쇠했다. 이승에서의 마지막 날까지 하루를 남겨둔 그 날, 그는 좋은 친구였던 제임스 베이커를 맞았다.

베이커는 그를 '지프'라고 불렀다. 스페인어로 '보스'라는 뜻이었다. 부시는 베이커를 '베이크'라고 불렀다. 둘은 종종 밖에서 점심을 먹었다. 베이커는 집에 들어서면서 "오늘은 어디에 가지, 지프?"라고 묻곤 했다. 하지만 그날은 전(前) 대통령이 베이커보다 먼저 질문했다. "오늘은 어디에 가지, 베이크?" 그의 오랜 친구가 대답했다. "음, 지프, 우리는 천국에 갈 거야." 그 말에 부시가 대답했다. "좋아… 바로 그곳이 내가 가고 싶은 곳이거든."

이야기의 디테일을 확실히 해두기 원했기 때문에 나는 휴스턴에 있는 부시 가의 목사였던 러셀 레벤슨에게 문자를 보냈다. 그는 다음을 덧붙였다. "그의 임종이 가까워진 시기에 우리는 천국에 대해 자주 이야기했습니다. 그는 '내가 천국에 갈까요?' 혹은 '천국이 있나요?'라고 물은 적이 전혀 없습니다. 그는 다만 천국이 어떤 모습일지 알고 싶어 했죠."[3]

부시 대통령은 스타와 같은 인생을 살았다. 하지만 결국에 중요한 건 그의 업적이 아니었다. 유대 랍비였던 분의 업적을 신뢰하겠다는 결심이었다.

요즘도 나는 묘지에 오래 머물지 않는다. 레스트헤븐 장례식장에서 보낸 주말은 내게 다시 가고 싶지 않은 기억이다. 장례식장에 내 집 마련의 기회를 준다고 해도 감사하지만 사양하겠다.

나도 대부분의 묘지 방문객들이 하는 일들을 할 뿐이다. 조의를 표하고 장례식에 참석한 뒤 떠난다. 그런데 덧붙여 나는 한 가지 상상에 빠진다. 잠시 시간을 두고 묘지를 둘러보며 다음의 약속이 성취되는 상상을 한다.

> 주께서 호령과 천사장의 소리와 하나님의 나팔 소리로 친히 하늘로부터 강림하시리니 그리스도 안에서 죽은 자들이 먼저 일어나고 그 후에 우리 살아남은 자들도 그들과 함께 구름 속으로 끌어 올려 공중에서 주를 영접하게 하시리니 그리하여 우리가 항상 주와 함께 있으리라 그러므로 이러한 말로 서로 위로하라 (살전 4:16-18).

● 기적을 발견하는 묵상 질문

1. 죽음은 모두에게 영향을 미치는 현실이다. 죽음에 대한 당신의 관점은 어떠한가? 죽음이 두려운가? 죽음을 부인하는가? 죽음을 생각해도 평안한가? 죽음에 대해 궁금한가? 죽음을 이겨내고 싶은가? 그 이유는?

2. 당신과 가까웠던 누군가가 죽은 경험이 있는가? 만약 그렇다면, 그 사건이 죽음에 대한 당신의 태도와 생각에 어떤 영향을 주었는가? 당신도 결국 죽는다는 사실을 고민해 보게 하였는가?

3. 요한복음 11장 1-6절을 읽으라.

    - 마리아와 마르다는 예수님께 보내는 메시지에 나사로의 상태를 어떻게 언급했는가?
    - 그들은 자기들의 메시지에 예수님께서 어떻게 반응하시길 바라고 있었을까?
    - 예수님은 그 대신 어떻게 하셨는가?
    - 예수님께서 그렇게 행동하신 이유는 무엇이었는가?

4. 하나님께 무언가를 부탁드렸는데 (누군가를 낫게 해달라든지, 당신의 환경을 바꿔달라든지 등등) 해주지 않으셨던 적이 있는가?

    - 그것이 환경에 대한 당신의 감정에 어떤 영향을 주었는가?
    - 그것이 하나님에 대한 당신의 감정에 어떤 영향을 주었는가?

5. 요한복음 11장 11-15절을 읽으라. 예수님은 나사로에게 무슨 일이 일어나고 있는지를 아셨다. 예수님이 좀 더 일찍 도착하지 않으신 것은 모르셨기 때문이 아니다. 당신은 예수님이 그의 사랑하는 친구가 죽도록 내버려 두신 것에 대해 어떻게 생각하는가?

- 그것은 베다니 기적의 목적과 중요성에 관해 당신에게 무엇을 말해주는가?
- 그것은 당신이 기도하고 있지만 아직 응답받지 못한 환경에 관해 당신에게 무엇을 말해주는가?

6. 요한복음 11장 20절은 "마르다는 예수께서 오신다는 말을 듣고 곧 나가 맞이하되 마리아는 집에 앉았더라"라고 말한다. 마리아는 왜 예수님을 맞이하러 가지 않고 집에 머물렀을까?

- 당신이 만약 마리아나 마르다라면 어떻게 행동했을까?
- 예수님께서 당신이 생각하기에 너무 작거나 너무 늦은 응답을 하신 적이 있는가?
- 당신은 무엇을 기도해왔는가, 그리고 예수님이 그 기도에 어떻게 응답하실 거라 소망했는가?
- 예수님의 응답이 당신의 신앙에 영향을 주었는가? 만약 그렇다면, 어떤 식으로 영향을 주었는가?

7. 요한복음 11장 28-33절을 읽으라. 마리아가 마지막으로 예수님께 갔을 때 그녀는 예수님께 무슨 말을 했는가?(32절)

- 마리아가 예수님께 한 말에 대해 어떻게 생각하는가?
- 예수님은 마리아에게 어떻게 반응하셨는가?
- 예수님이 심령에 비통히 여기신 이유가 무엇이라고 생각하는가?
- 예수님이 눈물을 흘리셨다는 사실은, 그분의 당신을 향한 연민의 깊이를 어떻게 드러내는가?
- 이 구절에서 예수님의 감정은 예수님이 어떤 분이신지에 관해 당신에게 무엇을 말해주는가?

8. 맥스는 예수님께서 나사로에게 무덤에서 나오라고 말씀하신 순간은 제안이 아니라 명령이라고 설명한다(137쪽 참고). 그 순간은 예수님의 능력을 어떤 방식으로 보여주는가?

9. 맥스는 베다니의 기적이 죽은 자를 살리시는 예수님의 능력 외에 또 다른 약속을 우리에게 보여준다고 지적한다. 그것이 무엇인가?(139쪽 참고)

10. 나사로는 예수님의 "사랑하는 친구"라고 묘사된다. 예수님이 당신을 사랑하는 친구로 여기신다고 생각하지 못했을 수 있다. 그렇다면 예수 그리스도를 통해 우리와 하나님과의 관계를 묘사하고 있는 다음 구절들을 읽어보라.

베드로전서 2장 9절: "그러나 너희는 택하신 족속이요 왕 같은 제사장들이요 거룩한 나라요 그의 소유가 된 백성이니 이는 너희를 어두운 데서 불러 내어 그의 기이한 빛에 들어가게 하신 이의 아름다운 덕을 선포하게 하려 하심이라."

에베소서 2장 10절: "우리는 그가 만드신 바라 그리스도 예수 안에서 선한 일을 위하여 지으심을 받은 자니 이 일은 하나님이 전에 예비하사 우리로 그 가운데서 행하게 하심이니라."

로마서 8장 15-17절: "너희는 다시 무서워하는 종의 영을 받지 아니하고 양자의 영을 받았으므로 우리가 아빠 아버지라고 부르짖느니라 성령이 친히 우리의 영과 더불어 우리가 하나님의 자녀인 것을 증언하시나니 자녀이면 또한 상속자 곧 하나님의 상속자요 그리스도와 함께 한 상속자니 우리가 그와 함께 영광을 받기 위하여 고난도 함께 받아야 할 것이니라."

- 하나님께서 우리를 어떻게 보시는지를 묘사한 단어들에 밑줄을 그어보라.
- 그 묘사 중에서 당신에게 가장 와 닿는 것은 무엇인가? 그 이유는?
- 그 묘사 중에서 당신이 스스로에 대해 믿기 어려운 것은 무엇인가? 그 이유는?
- 예수님께서 사랑하는 친구 나사로를 죽은 자들로부터 살리셨다. 그렇다면 그분은 우리(하나님의 걸작품, 하나님의 자녀, 하나님의 상속자)를 그날에 부활시키기 위해 얼마나 열심이시겠는가?

11. 예수님은 요한복음 11장 25-26절에서 대담한 선포를 하시고 날카로운 질문을 던지셨다. "나는 부활이요 생명이니 나를 믿는 자는 죽어도 살겠고 무릇 살아서 나를 믿는 자는 영원히 죽지 아니하리니 이것을 네가 믿느냐?" 마르다의 이름에 당신의 이름을 넣어보라. 이것을 당신은 믿는가? 믿는다면 혹은 믿지 않는다면, 그 이유는?

한 번쯤은 세상에 혼자라고 느꼈던
당신을 위한 하나님의 기적들
You Are Never Alone

09

다 이루었다

　케일라 몽고메리의 달리기를 본 사람들에게 물어보면, 그들은 케일라가 꾸준하고 건장한 선수였다고 말해줄 거다. 스스로를 엄하게 채찍질했던 그녀는 미국에서 가장 빠른 장거리 선수 중 하나였다. 훈련된 눈으로 보면 그녀의 보폭과 강한 뒷심은 주목을 끌기에 충분했다. 노스캐롤라이나주의 윈스턴-살렘에서 그녀가 고등학교 선수단으로서 보여준 성과는 코치들, 경쟁자들, 대학들의 이목을 사로잡았다. 그녀는 장거리 기록을 세웠고, 주대회의 우승을 거머쥐었으며, 전국대회에 출전했고, 결국 테네시주 내슈빌에 있는 립스콤대학의 체육 장학금을 따냈다. 만약 당신이 케일라가 달리는 것을 보았다면 깊은 인상을 받았을 거다.

하지만 여기엔 당신이 결코 상상하지 못했을 일이 있다. 그녀는 다리에 감각을 느끼지 못한 채 달렸다. 그녀는 열다섯 살에 다발성경화증 진단을 받았다. 그 질병은 신경의 미엘린초를 집중 공격해서 뇌와 척추에 영향을 미치는 자가면역질환이다. 열에 민감한 것은 다발성경화증의 증상 중 하나다. 케일라의 체온이 올라가면 증상이 갑작스럽게 나타나 하반신의 감각이 마비되고 만다.

그런데도 그녀는 달리고 싶어 했다. 그녀는 코치에게 "달리고 싶어요. 그것도 빠르게 달리고 싶어요"라고 말했다. 그래서 그녀는 그렇게 했고, 한 번은 전국 21위를 차지한 적도 있었다.

첫 1.6킬로미터를 찍고 나면 하반신에 마비가 오기 시작했다. 그 이후부터는 계속 움직이려면 마치 항공기가 자동조종장치에 의지하듯 가속도에 의지해야 했다. 달리는 건 할 만했다. 그런데 멈추는 건? 그건 또 다른 문제였다. 그녀는 속도를 줄일 능력이 없는 채로 결승선을 통과했다.

그래서 그녀는 전적으로 한 사람, 코치를 의지했다. 그는 경기의 붙박이였다. 소리치며 그녀를 격려하고 북돋웠다. 그런 그의 가장 중요한 역할은 '잡는 것'이었다. 그는 케일라를 붙잡아 주었다. 그는 케일라를 기다리며 결승선에 서 있었다. 그녀는 정확하게 그의 품 안으로 뛰어왔다. 그녀는 속도를 줄이지 않았다. 그는 움직이지 않았다. 그건 작은 충돌이 아니었다. 그녀의 전진을 가까스로 멈춰 세우고 나면 그는 155센티미터의 그녀를 그대로 들어 올려서 트랙 밖으로 옮겼다.

그녀는 "내 다리! 내 다리 어디 갔어요? 나 좀 도와주세요. 제발 나 좀 도와주세요!"라고 거듭 외쳤다.

코치는 "괜찮아. 내가 잡았어. 내가 잡았다고!"라고 거듭 확인시켜 주었다. 그는 그녀를 안전한 위치로 옮긴 후 물과 얼음을 주었다. 그녀의 체온이 내려가면서 차츰 다리의 감각도 돌아왔다.[1]

그들에겐 합의가 있었다. 그녀는 달렸고, 그는 잡았다. 만약 그가 참석하지 못해서 그녀를 붙잡지 못한다면, 그녀는 결국 다음 장애물과 충돌했을 것이다. 하지만 그녀는 충돌한 적이 단 한 번도 없었다. 그가 항상 옆에 있었기 때문이었다.

이것이 바로 그가 그녀에게 한 약속이었다.

그리고 이것은 바로 하나님께서 우리에게 하신 약속이기도 하다.

당신의 결승선은 가까이에 있다. 묻지도 않은 내용을 상기시켜서 미안하지만, 모든 걸음걸음이 당신을 결승선에 더 가까이 데려다 놓는다. 심장 박동 하나하나가 카운트다운을 외친다. 당신의 호흡이, 당신의 날들이 계수되고 있다. 당신이 이번 경기를 얼마나 잘 달리던지 간에, 영원히 뛰지는 못한다.

당신에겐 도움이 필요하게 될 거다. 결승선에서 당신의 체력이 다할 테니까. 당신의 달리기 기술? 당신의 경쟁력? 트랙을 돌게 했던 의지? 당신의 훈련? 경험과 성과? 그것들은 당신이 결승선을 통과한 이후에는 전혀 쓸모가 없다.

당신에겐 당신을 잡아줄 누군가가 필요하게 될 거다.

예수님이 그 누군가가 되어주시겠다고 약속하셨다. 마지막 순간에 그분은 당신을 버리지 않으실 것이다. 다음은 그분의 약속이다. 그리고 그 약속은 십자가의 메시지다.

그 후에 예수께서 모든 일이 이미 이루어진 줄 아시고 성경을 응하게 하려 하사 이르시되 내가 목마르다 하시니 거기 신 포도주가 가득히 담긴 그릇이 있는지라 사람들이 신 포도주를 적신 해면을 우슬초에 매어 예수의 입에 대니 예수께서 신 포도주를 받으신 후에 이르시되 다 이루었다 하시고 머리를 숙이니 영혼이 떠나가시니라 (요 19:28-30).

십자가가 기적으로서 자격을 갖추었을까? 모든 면에서 그렇다. 요한복음에 나온 다른 기적들의 모든 특징이 십자가에서 구현된다. 속죄의 기적에서, 물이 포도주가 되지는 않았지만 죄인은 성도가 되었다. 갈보리에서, 예수님은 선언으로 종을 치유하지는 않으셨지만 확실한 선포로 모든 세대를 치유하셨다. 성금요일에, 예수님은 앉은뱅이를 걷게 하지는 않으셨지만 우리 모두를 초대하여 춤추게 하셨다.

한 번의 선포로 예수님은 큰 무리를 먹이셨고, 폭풍을 잠잠케 하셨고, 눈먼 자를 보게 하셨다. 베다니 묘지에서의 명령은 나사로를 무덤에서 일으키시기에 충분했다. 갈보리에서의 선포는 그분을 믿는 모든 자를 영원한 죽음에서 구원하시기에 충분했다.

그 선포가 무엇인가? **테텔레스타이**, 즉 "다 이루었다"(요 19:30)이다.

모자를 벗으라. 신발을 벗으라. 잡담을 멈추고 눈을 낮추라. 거룩한 말이다. 거룩한 순간이다.

화가가 캔버스에서 뒤로 물러나 붓을 내려놓는다.

다 이루었다.

시인이 최종적으로 자기 소네트를 읽고 책상에 펜을 놓는다.

다 이루었다.

농부가 막 추수한 밭을 응시하며 모자를 벗고 이마의 땀을 닦는다.

다 이루었다.

예수님께서 부어오른 눈을 떠서 하늘을 올려다보신다. 타는 듯한 폐로 선포에 필요한 공기를 내뱉으신다. "다 이루었다."

그분의 사역이 어떻게 시작되었는지 생각나는가? 열두 살 때 예수님은 예루살렘에서 사라지셨다. 사흘 후에 부모가 성전에서 랍비들과 대화 중인 예수님을 찾아냈다. "어찌하여 나를 찾으셨나이까 내가 내 아버지 집에 있어야 될 줄을 알지 못하셨나이까"(눅 2:49). 예수님은 소년이셨을 때에도 가업(家業), 즉 구속 사역에 대한 지각이 있으셨다. 그분의 첫 번째 기록된 말씀은 그 시작을 알렸다. 그분의 마지막 말씀은 그 사역의 완성을 의미했다.

사실, 헬라어 **테텔레스타이**는 비즈니스 용어의 의미를 함축하고 있다. 세금이나 공물과 같은 빚에 대한 '완납'을 뜻할 때 사용되었다. 바울 사도는 '조세를 바치다'라는 뜻으로 이 단어를 사용했다(롬 13:6).

어근 **텔레오**는 마태복음 17장 24절에 등장한다. "너의 선생은 반 세겔을 내지 아니하느냐?" 이는 완료된 거래를 가리킨다.

십자가 위에서 그리스도께서 하신 말씀도 동일한 것을 선포한다. "그가 거룩하게 된 자들을 한 번의 제사로 영원히 온전하게 하셨느니라"(히 10:14). 또 다시 제사를 드릴 필요가 없다. 천국은 추가적인 희생 제물을 기다리지 않는다. 그리스도께서 십자가에서 이루신 사역은 영원한 보좌의 요구를 충족시켰다. 그러니 십자가가 기적의 자격을 갖추지 않았다면, 대체 무엇이 갖추었단 말인가?

"예수께서 … 머리를 숙이니 영혼이 떠나가시니라"(요 19:30). 그분의 머리는 앞으로 떨구어지거나 푹 쓰러진 게 아니었다. 그분은 머리를 **숙이셨다**. 머리를 **낮추셨다**. 예수님은 고통으로 탈진해서 기절한 게 아니셨다. "이[내 생명]를 내게서 빼앗는 자가 있는 것이 아니라 내가 스스로 버리노라"(요 10:18)라고 그분은 약속하셨다.

가운데 십자가에 매달린 그 남자는 중앙 무대에 명령을 내리셨다. 그분은 죽음까지도 다스리는 분이셨다. 어린 시절 언급하신 아버지 집의 사역이 약 21년 후에 서쪽으로 8백 미터쯤 떨어진 골고다 언덕에서 완성되었다.

정확히 무엇이 완성되었는가? 그리스도의 가르침인가? 아니다. 그분은 부활하신 몸으로 사십여 일이나 더 가르치셨다. 성도들의 견인? 아니다. 그분은 여전히 성령님과 함께 교회를 인도하고 계시다. 예수님의 치유 사역이 완성되었는가? 전혀 아니다. 예수님은 성령님과 성부 하나님의 긍휼과 협력하여 여전히 치유하신다. 그런데 그분이 더 이상 애쓰실 필요가 없는 사역이 있다. 바로 인류의 구속이다.

"하나님이 죄를 알지도 못하신 이를 우리를 대신하여 죄로 삼으신 것은 우리로 하여금 그 안에서 하나님의 의가 되게 하려 하심이라"(고후 5:21). 이 구절은 우리의 죄가 그리스도께, 그분의 의가 우리에게 초자연적으로 전가되었다고 설명한다. 하나님의 죄 없는 아들이신 예수님이 그분 안에 죄인 된 우리를 흡수하셨다. 그래서 하나님의 반역한 피조물인 우리는 예수님의 의로움을 받을 수 있다.

바울은 앞서 "하나님께서 그리스도 안에 계시사 세상을 자기와 화목하게 하시며 그들의 죄를 그들에게 돌리지 아니하시고"(고후 5:19)라고 썼다. 하나님은 우리의 죄를 우리에게 돌리지 아니하신다! 대신, 우리의 죄를 그리스도께 돌리신다. 예수님은 자발적으로 우리의 죄에 대한 책임을 받아들이셨다. 그리고 너그럽게도 그분의 완전함에 대한 보상을 우리에게 주셨다.

예수님께서 "죄를 위하여 한 영원한 제사를 드리시고 하나님 우편에 앉으"(히 10:12)셨다. 이루어야 할 모든 게 완성되었다. 지불되어야 할 모든 값이 지불되었다.

그리스도께서 당신을 위해 지불하셨다.

나는 최근에 스타벅스 드라이브스루에서 줄을 서다가 이와 비슷한 말을 들었다. 나는 주문을 한 후에 앞차의 주인이 자기 상품을 받고 출발하기를 기다리고 있었다. 내 차례가 오자 나는 창문을 내리고 직원에게 현금을 냈다. 그런데 그녀가 돈을 돌려주며 이렇게 말했다. "앞차 고객님들이 당신의 음료값을 지불하셨어요. 그분들은 당신을 교회에서 보았다며 당신의 커피값을 내고 싶다고 하더군요."

그 사람들이 누군지 난 모른다. 내가 아는 것이라곤 그들이 최고의 그리스도인들이라는 것과 타의 모범이 되었다는 거다. 직원은 20달러 지폐를 들어 보이며 "그분들이 넘치도록 충분하게 내고 가셨어요"라고 말했다. 내 커피값은 5달러도 채 안 되었기 때문에 나는 좋은 목사라면 으레 했을 일을 했다. 백미러를 들여다보고 다시 직원에게 눈을 돌려 먹을 것을 주문했다.

내가 하지 않은 일은 선물을 거절하는 것이었다. 내가 하지 않은 일은 직원에게 도움이 필요하지 않다고 말하는 것이었다. 내가 하지 않은 일은 은혜의 행위를 묵살하는 것이었다. 나는 그저 감사함으로 그것을 받았다. 나는 당신도 똑같이 하기를 소망한다.

이 위대한 자비의 기적을 받으라. 하나님의 은혜가 정결하게 하는 폭포처럼 당신 위에 흘러넘치게 하라. 죄책감과 수치심의 찌꺼기를 모두 쓸어가게 하라. 그 무엇도 당신을 하나님으로부터 떼어놓을 수 없다. 당신의 양심은 당신을 고발할지 모르나 하나님은 당신을 받으신다. 다른 이들은 당신의 과거를 들춰낼지 모르나 하나님은 그러지 않으신다. 그분에게 있어서 그 사역은 단번에 완성되었다.

나는 가족과 함께 해변에 가기 위해 이 책의 집필을 잠시 쉬었었다. 나의 첫 손녀, 로지는 세 살 반이었고 지금껏 바다를 본 적이 없었다.

우리는 모두 로지가 바다를 보고 어떤 반응을 보일지 궁금했다. 파도를 보고 물의 포효소리를 들었을 때, 로지는 가만히 지켜보며 귀를 기울였다. 그러더니 마침내 이렇게 물었다. "저건 언제 꺼져요?"

꺼지지 않는단다, 아가야.

우리는 하나님의 은혜에 대해서도 똑같이 질문한다. 하나님의 은혜도 당연히 고갈되겠죠, 당연히 멈추겠죠, 그렇죠? 그렇지 않다. 결국 우리는 그분의 선하심을 바닥내겠죠, 안 그런가요? 결코 아니다. 우린 언젠가 그분의 자비와 사랑에 의지해서 너무 많은 수표를 남발하겠죠, 안 그래요? 아니다.

우리의 죄를 따라 우리를 처벌하지는 아니하시며 우리의 죄악을 따라 우리에게 그대로 갚지는 아니하셨으니 이는 하늘이 땅에서 높음 같이 그를 경외하는 자에게 그의 인자하심이 크심이로다 동이 서에서 먼 것 같이 우리의 죄과를 우리에게서 멀리 옮기셨으며 아버지가 자식을 긍휼히 여김 같이 여호와께서는 자기를 경외하는 자를 긍휼히 여기시나니 (시 103:10-13).

경주를 계속하라. 달리면서 확신하라. 친구 되신 그분이 결승선에서 당신을 기다리고 계신다. 결승선을 통과할 때 그분께서 당신을 품에 안아주실 것이다. 그분께서 그 때 이 말씀을 다시 하신다 해도 놀라지 말라. "다 이루었다."

● 기적을 발견하는 묵상 질문

1. 9장을 읽기 전, 그리스도의 십자가에 관해 알고 있던 바는 무엇이었는가? 예수님께서 십자가 위에서 죽으신 목적이 무엇이라고 믿었는가?

2. 맥스는 왜 십자가가 기적으로 간주될 수 있다고 말하는가?

3. 예수님께서 십자가 위에서 마지막으로 하신 말씀은 "다 이루었다"(요 19:30)였다. "다 이루었다"에 해당하는 헬라어는 **테텔레스타이**다. 예수님께서 그 특별한 단어를 사용하신 데에는 어떤 의미가 있는가?

4. 맥스는 "정확히 무엇이 완성되었는가?"(152쪽 참고)라고 묻는다. 당신은 무엇이라고 대답하겠는가?

5. 당신의 과거의 죄 혹은 환경 중에서 여전히 당신에게 죄책감과 수치심을 주는 것은 무엇인가? 그 죄책감과 수치심이 그토록 강력한 이유가 무엇인가?

6. 맥스는 히브리서 10장 14절("그가 거룩하게 된 자들을 한 번의 제사로 영원히 온전하게 하셨느니라")을 인용하면서 "또 다시 제사를 드릴 필요가 없다. 천국은 추가적인 희생 제물을 기다리지 않는다"라고 말한다.

  • 그 부분을 읽으면서 어떤 생각이 떠올랐는가?
  • 당신은 예수님께서 드리신 마지막 제사의 능력을 온전히 믿는가?

- 당신의 죄에 관하여 느끼는 방식이 그런 믿음을 반영하고 있는가? 그렇다면 혹은 그렇지 않다면, 그 이유는?

7. "다 이루었다"라는 약속을 잊기가 쉽다. 우리는 자신의 제사를 드림으로써 용서를 얻어내려고 애쓰기 일쑤다. 당신도 그런 적이 있는가? 만약 그렇다면, 당신의 죄와 실수에 대한 제사를 드리기 위해 어떤 노력을 하였는가?

8. 어떤 사람들은 그리스도의 속죄 제물 되심을 받아들이기가 어렵다고 말한다. 죄책감이 이미 용납된 자신을 방해한다. 당신은 기꺼이 그 선물을 받았는가? 아니면 죄책감이 "위대한 자비의 기적"을 받아들이지 못하게 막고 있는가?

9. 다음 성경구절을 읽으라.

고린도전서 6장 18절: "음행을 피하라 사람이 범하는 죄마다 몸 밖에 있거니와 음행하는 자는 자기 몸에 죄를 범하느니라."

갈라디아서 5장 19-21절: "육체의 일은 분명하니 곧 음행과 더러운 것과 호색과 우상 숭배와 주술과 원수 맺는 것과 분쟁과 시기와 분냄과 당 짓는 것과 분열함과 이단과 투기와 술 취함과 방탕함과 또 그와 같은 것들이라 전에 너희에게 경계한 것 같이 경계하노니 이런 일을 하는 자들은 하나님의 나라를 유업으로 받지 못할 것이요."

골로새서 3장 5-7절: "그러므로 땅에 있는 지체를 죽이라 곧 음란과 부정과 사욕과 악한 정욕과 탐심이니 탐심은 우상 숭배니라 이것들로 말미암아 하나님의 진노가 임하느니라 너희도 전에 그 가운데 살 때에는 그 가운데서 행하였으나."

- 위 구절들에서 공통적으로 말하는 경고는 무엇인가?
- 위 구절들에 대해 긴장감이나 혼란을 느끼는가? 만약 그렇다면 어떤 구절이, 왜 그런가?

이제 다음 성경구절을 읽으라.

시편 103편 10-13절: "우리의 죄를 따라 우리를 처벌하지는 아니하시며 우리의 죄악을 따라 우리에게 그대로 갚지는 아니하셨으니 이는 하늘이 땅에서 높음 같이 그를 경외하는 자에게 그의 인자하심이 크심이로다 동이 서에서 먼 것 같이 우리의 죄과를 우리에게서 멀리 옮기셨으며 아버지가 자식을 긍휼히 여김 같이 여호와께서는 자기를 경외하는 자를 긍휼히 여기시나니."

로마서 8장 38-39절: "내가 확신하노니 사망이나 생명이나 천사들이나 권세자들이나 현재 일이나 장래 일이나 능력이나 높음이나 깊음이나 다른 어떤 피조물이라도 우리를 우리 주 그리스도 예수 안에 있는 하나님의 사랑에서 끊을 수 없으리라."

로마서 6장 6-7절: "우리가 알거니와 우리의 옛사람이 예수와 함께 십자가에 못 박힌 것은 죄의 몸이 죽어 다시는 우리가 죄에게 종노릇 하지 아니하려 함이니 이는 죽은 자가 죄에서 벗어나 의롭다 하심을 얻었음이라."

- 위의 구절들에서 공통적으로 말하는 주제는 무엇인가?
- 우리의 죄에 대한 완전한 용서를 받아들이는 것과, 성경이 우리에게 격려하고 있듯이, 죄를 짓지 않기 위해 애쓰는 것 사이에서 우리는 어떻게 균형을 잡을 수 있는가?

10. 5번 질문에 대한 답으로 돌아가보라. 십자가에 대해 더욱 이해하게 됨에 따라 죄와 실수와 환경에 관해 다르게 느끼게 되는가? 만약 그렇다면 어떻게 다르게 느끼는가? 만약 그렇지 않다면 그 이유는 무엇인가?

11. 맥스는 손녀 로지가 난생처음으로 바다를 본 이야기를 들려준다. 로지는 바다가 언제 꺼지냐고 물었다. 맥스는 "꺼지지 않는단다, 아가야"라고 대답했다. 만약 당신이 하나님의 은혜가 저 바다의 파도와 마찬가지로 결코 멈추지 않는다는 사실을 믿는다면, 그 믿음은 당신의 삶에 어떤 영향을 주겠는가?

- 그것은 당신이 다른 사람들과 상호작용하는 방식을 어떻게 변화시키겠는가?
- 그것은 당신이 자신을 보는 방식을 어떻게 바꾸겠는가?

한 번쯤은 세상에 혼자라고 느꼈던
당신을 위한 하나님의 기적들
You Are Never Alone

10

그가 보고
믿더라

    내가 얼마나 자주 의심과 싸워왔는지 당신이 알게 되면 무척 놀랄 거다. 내가 **이게 정말 사실이야?**와 같은 생각을 얼마나 많이 했는지를 알게 되면 당신은 어쩌면 내가 목사 자격이 없다고 여길지 모른다.

    하나님께서 이 땅에 내려오셨음을 믿는 것. 하나님께서 아기가 되어 기저귀를 차고 엄마 젖을 먹었음을 믿는 것. 결혼한 부부가 부부관계를 갖기 전에 아기를 가진 것. 나사렛이라는 보잘것없는 동네가 하나님의 아들의 고향으로 30년간 섬긴 것. 하나님께서 빨갛고 쭈글쭈글한 얼굴의 신생아로 첫 호흡을 하신 것. 동글동글한 얼굴의 유아로 첫 걸음을 떼신 것. 매끈한 얼굴의 어린이로 처음 일출을 보신 것. 여드

름 난 얼굴의 청소년으로 처음 예쁜 소녀를 쳐다보신 것. 호리호리한 얼굴의 청년으로 토라(자신의 토라)를 암송하신 것. 수염 덮인 얼굴의 랍비로 웃음기를 뺀 채 감히 귀신에게 말하고 죄인들을 용서하고 여름 돌풍에게 잠잠하라, 시체에게 일어나라 명령하신 것.

때로는 터무니없어 보이지 않는가? 조금 과장된 것 같지 않은가?

그리스도의 가르침이 나를 주저하게 만들지는 않는다. 이웃을 사랑하고 혀를 조심하라는 중동 랍비의 생각은 완벽하게 이성적이다.

하지만 그 랍비가 죄를 사하는 권세를 가졌다는 것, 죄를 위한 제물이 될 만큼의 순결함을 가졌다는 것, 경배를 받을 만큼의 대담함을 가졌다는 것은? 단순한 감사나 칭송이 아니라 경배인데?

자, 어디가 끝일까? 그분의 십자가로 끝나지 않은 건 확실하다. 복음이라는 문을 활짝 열어주는 건 그 다음 이야기다. 죽어 있기를 끝낸, 어느 죽은 사람의 이야기. 자신을 무덤에서 꺼낸, 무덤에 묻힌 사람의 이야기. 사흘이나 돌처럼 굳은 심장이었다가 동이 틀 무렵, 마리아의 모태에서 첫 심장 박동을 했던 이래로 계속 그랬던 것처럼 혈액을 뿜어내기 시작한 인간의 심장 이야기다.

시체가 깨어났다. 그리스도가 일어나셨다. 그리고 그분이 오늘도 여전히 우리를 위해 서 계시며 언젠가 우리를 위해 오신다고, 오셔서 우리가 인간성이라고 부르는 이 모든 엉망진창을 최종적으로 정리하실 것이라고 수십억의 사람이 감히 믿고 있다.

이제 정직해지자. 이 모든 것이 때로는 믿기지 않는 소리 같지 않은가?

어떤 이들의 대답은 '아니오'일 것이다. 그렇다면 당신은 세쿼이아처럼 강하고 뿌리가 깊은 믿음을 가졌다.

하지만 어떤 이들은 의심을 헤쳐나가야 한다. 우리는 기독교에 대해 타당한 질문들을 갖고 있다. 우리는 정직한 믿음을 향한 탐구를 만족시킬만한 대답을 원한다. 당신이 이에 해당한다면, 난 진리를 탐구하는 구도자 모임에 당신을 초대하고 싶다. 확신컨대, 의심하는 것은 허락된 일이다. 질문이란 우리가 천국을 향해 올라가게 해주는 계단이다. 오르막이 가파를 수 있지만, 난관은 우리가 나아가고 있지 않다는 의미가 절대 아니다.

요한은 올라갔다. 그의 기적 이야기는 우리를 돕는 계단 난간이다. 요한이 그 이야기들을 기록한 이유를 기억하는가? "오직 이것을 기록함은 너희로 예수께서 하나님의 아들 그리스도이심을 믿게 하려 함이요 또 너희로 믿고 그 이름을 힘입어 생명을 얻게 하려 함이니라"(요 20:31). 요한은 정보나 즐거움을 주려고 이야기를 엮은 게 아니었다. 그는 우리가 예수님이 메시아이심을 믿기를 원했다. 그런 이유로 그는 질문하는 우리의 유익을 위하여 자기 인생의 중추적 순간을 신중하게 묘사했다. 바로 그가 처음 믿었던 순간이다.

요한은 자기에 관해 말하면서 "그가 보고 믿더라"(요 20:8)라고 썼다. 그 문구는 물을 포도주로 만든 기적 뒤에 오지 않는다. 요한은 폭풍이 몰아치는 바다 위를 걸으신 예수님 혹은 오천 명을 먹이신 예수님을 보며 그런 반응을 보인 게 아니다. 요한은 예수님께서 맹인을 고치실 때 함께 있었다. 하지만 요한이 신자가 된 것은 언제인가? 그의 말을 들어보자.

> 아리마대 사람 요셉은 예수의 제자이나 유대인이 두려워 그것을 숨기더니 이 일 후에 빌라도에게 예수의 시체를 가져가기를 구하매 빌라도가 허락하는지라 이에 가서 예수의 시체를 가져가니라 일찍이 예수께 밤에 찾아왔던 니고데모도 몰약과 침향 섞은 것을 백 리트라쯤 가지고 온지라 이에 예수의 시체를 가져다가 유대인의 장례 법대로 그 향품과 함께 세마포로 쌌더라 예수께서 십자가에 못 박히신 곳에 동산이 있고 동산 안에 아직 사람을 장사한 일이 없는 새 무덤이 있는지라(요 19:38-41).

금요일 해 질 녘, 하나님의 아들은 예루살렘의 무덤에 누우셨다. 두 명의 제자, 아리마대 요셉과 니고데모가 예수의 시체를 가져다가 장례를 준비했다. 두 사람은 부자였다. 도시의 지도자였다. 아무도 모르게 예수님을 따르다가 마지막 날에 자기 믿음을 공적으로 드러낸 자들이었다.

이런 섬김의 행위로 그들이 얻을 것은 하나도 없었다. 그들이 아는 한 그들은 구주를 본 마지막 사람이 될 터였다. 그들은 죽은 시체를 장사지낼 준비를 했다. 죽은 자가 부활하는 기적을 준비한 게 아니었다.

그들은 45킬로그램이 넘는 장례 향품을 세마포로 쌌다(요 19:39).[1] 이는 어마어마한 양으로, '왕의 장례를 치르기에 충분한 향품'이었다.[2]

그리고는 단단히 고정될 때까지 시체를 싸맸다. 우리가 다친 발목을 붕대로 동여매듯이, 그들은 전신을 그렇게 싸맸다. 향품은 부패하는 냄새가 나는 것을 늦추는 게 목적이었고, 또한 싸맨 것을 단단하게 하여 보호하는 덮개 역할을 하기도 했다. 그리고 나서 입이 벌어지는 것을 막기 위해 턱과 정수리를 세마포로 둘러 감았다.[3] 일을 마친 후에 그들은 시체를 묘지로 옮겨와 아직 사용한 적 없는 새 무덤에 뉘었다.

예수님은 동정녀의 태로부터 태어나셨다. 그리고 한 번도 장사한 일이 없는 무덤에 누이셨다. 종교지도자들의 고집에 못 이겨 빌라도는 무덤에 보초병을 세웠다. 보초병들은 제자들을 무덤 밖으로 쫓아내라는 명령을 받았다. 하지만 아무도 예수님을 무덤 안에 잡아둘 필요를 언급하지는 않았다.

안식 후 첫날 일찍이 아직 어두울 때에 막달라 마리아가 무덤에 와서 돌이 무덤에서 옮겨진 것을 보고(요 20:1).

십자가 죽음이 있은 지 사흘째 되는 날이었다. 예수님은 사흘 만에 부활하리라고 약속하셨었다(막 8:31; 9:31; 10:34).

금요일이 첫날이었다. 토요일이 이틀째였다.

금요일에 마귀들은 춤을 추었다. 토요일에 귀신들은 잔치를 벌였다.

금요일에 제자들은 도망했다. 토요일에 제자들은 눈물을 흘렸다.

금요일에 천국의 최고의 아들이 죽었고 장사되었다. 토요일에 그분은 한 말씀도 없으셨다.

금요일에 천사들은 머리를 숙였다. 토요일에 천사들은 밤새워 기도했다.

하지만 일요일에, 사흘째 되는 날에, 아직 동이 트기 전에, 요셉의 무덤 한복판에서 예수님의 심장이 다시 뛰기 시작했다.

오, 그 순간을 볼 수 있었더라면. 별안간의 들숨 소리를 들을 수 있었더라면. 예수님의 눈이 깜빡이며 떠지는 것을 목격하고 그분의 미소를 볼 수 있었더라면. 승리자의 얼굴에 퍼지는 미소를 알지 않는가! 그리스도의 첫 호흡은 죽음의 마지막 호흡을 의미했다.

그 후 요한복음에는 새로운 전개와 축하가 이어진다. 막달라 마리아가 텅 빈 무덤을 보고는 최악의 경우를 넘겨짚었다. 그녀는 그 소식을 가지고 서둘러 베드로와 요한을 깨우러 갔다. "사람들이 주님을 무덤에서 가져다가 어디 두었는지 우리가 알지 못하겠다"(요 20:2).

요한과 베드로는 무덤으로 달음질했다. 요한이 더 빨랐지만 베드로가 더 대담했다. 베드로는 무덤 안으로 들어갔다가 당황하며 나왔다. 요한은 무덤에 들어갔다가 믿으며 나왔다. "그 때에야 무덤에 먼저 갔던 그 다른 제자도 들어가 보고 믿더라"(8절).

나는 요한이 마지막 단어를 쓰고 잠시 쉬었을 거라 생각할 수밖에 없다. **믿더라. 믿다**라는 단어는 요한이 좋아하는 동사였다. 그는 요한복음에서 그 단어를 여든여덟 번 사용했다! 마태복음, 마가복음, 누가복음을 합친 것의 두 배였다.[4] **믿다**라는 단어는 단순히 무엇을 사실로 받아들이는 것 이상을 의미한다. 의지하고 신뢰하는 것이다.

나는 얼마 전 믿음의 역학을 경험했다. 과달루페강 근처에 있는 친구네 오두막에서 몇몇 친구들과 함께 토요일을 보내고 있었다. 가을 날씨는 따뜻했고 강물은 높았다. 우리는 푸르른 하늘 아래서 강가를 탐험하며 오후를 보내는 특권을 누렸다. 우리는 우아하고 위풍당당한 떡갈나무에 이르렀다. 그 나무의 한 굵은 가지가 강물 위로 반쯤 뻗어 있었다. 그 가지 끝에는 낡은 밧줄이 묶여 있었는데 강 한가운데 매달려 있었다.

당신은 우리가 무슨 생각을 했을지 상상할 수 있을 것이다. **그렇다. 11월이다. 물은 차갑다. 우리는 청바지를 입은 중년이다… 하지만 물장구는 재밌지 않을까?**

우리는 긴 막대를 사용해서 밧줄을 끌어당겼다. 비록 풍파에 해어졌지만 튼튼해 **보였다**. 나무는 오래됐지만 가지는 견고해 **보였다**. 하지만 우리를 지탱해줄까? 아니면 당기자마자 툭 끊어져서 (수영하게 될지도 모르는) 그 사람을 얕은 진흙탕에 던져넣게 될까?

한창 밧줄을 테스트하고 물을 찰박거리고 있는데, 한 친구가 갑자기 용기백배하여 "나, 간다!"라고 했다. 그는 밧줄을 잡고는 마치 미식축구 골라인에 몸을 날리듯이 강으로 뛰어들었다. 그는 높이 도약해서 날아올랐다. 우리는 숨을 참으며 지켜보았다. 가지는 구부러졌고 밧줄은 팽팽해졌다. 하지만 밧줄은 그가 댈러스로 반쯤 날아갈 때까지 버텼다. 그는 물을 가르며 수면 위를 날았고, 우리는 너나 할 것 없이 그를 따라 밧줄에 몸을 맡겼다.

어느 시점에 우리가 그 밧줄의 튼튼함을 믿었을까? 우리가 밧줄을 끌어당겼을 때? 그것을 테스트했을 때? 아니다. 우리는 그것에 우리 몸을 실었을 때 믿었다.

요한도 그랬다. 그는 그리스도께 자기를 맡겼다.

"그가 보고 믿더라."

무엇이 그런 결심을 일으켰을까? 요한이 예수님의 얼굴을 보기 전이었고, 예수님의 음성을 듣기 전이었고, 예수님의 몸을 만지기 전이었다. 이것들은 다 이후에 올 일이었다. 그 순간에는 이 중 아무것도 일어나지 않았었다. 그런데도 요한은 믿었다. 그렇다면 어떤 증거가 그런 고백을 이끌었을까?

요한이 우리에게 말해주기를, 베드로와 더불어 "그는 구부려 세마포 놓인 것을 보았"(요 20:5)다. 요한은 **놓인**이라는 단어에 '접힌 채 그대로 놓여 있는'[5] 혹은 '원래의 주름 상태로'[6]를 의미하는 헬라어를 사용했다. 시체는 사라졌지만 옷은 아무도 손대지 않은 것으로 보인다.[7] 향기 나는 세마포 싸개는 요셉과 니고데모가 금요일 저녁에 놓아둔 그대로 있었다. 단 하나만 제외하고 말이다. 예수님은 거기 계시지 않았다. 그분은 고치에서 **빠져나오셨다**.[8]

요한은 텅 빈 껍데기를 가만히 주시하고는 증거를 상세히 조사했다.

먼저 빈 무덤이 있었다. 도굴꾼들은 예수님의 시체를 훔치지 않았다. 장례를 위해 꽁꽁 싸맸던 싸개에서 시체를 꺼내 갈 만큼의 수고를 하려 하지 않았을 것이다. 도굴꾼들이 왜 그러겠는가? 그럴 동기도 그럴 시간도 없었다.

그리스도의 친구들도 시체를 가져가지 않았다. 그들이 왜 굳이 수의에서 그리스도를 빼내어 죽음에 수치를 더하겠는가? 그러고 싶은 이유가 있었다 하더라도, 온전히 보존된 싸개는 그들이 가져가지 않았음을 말해주었다.

다음으로 머리를 쌌던 수건이 문제였다. "또 머리를 쌌던 수건은 세마포와 함께 놓이지 않고 딴 곳에 쌌던 대로 놓여 있더라"(7절). 다시 말하지만, 도굴꾼들은 싸개를 제거할 동기가 전혀 없었다. 만약 그들이 싸개를 제거했다 하더라도, 구석에 던져놓았을 것이다. 예수님의 친구들의 경우도 마찬가지다. 왜 머리 수건을 제거해서 접은 다음에 딴 곳에 놓겠는가?

요한은 계산했다. 돌이 굴려져 있었고, 현재는 빈 무덤이며, 세마포가 원래 상태 그대로 있었다. 단 한 가지 설명만이 앞뒤가 맞았다. 예수님께서 직접 그렇게 하셨던 것이다! 마치 아침 안개를 헤치고 나오듯 그분은 세마포 싸개를 통과해 나오셨다.

요한은 그 옷을 보고 믿었다. 우리가 밧줄을 신뢰했던 것과 같은 방식으로, 그는 그리스도를 신뢰했다. 그것이 그에게 얼마나 중요한 순간이었겠는가.

어쩌면 그는 텅 빈 무덤 안에서 예수님을 뉘었던 곳을 손으로 쓸어보다가 흙바닥에서 못 박힌 발자국을 발견했을지도 모르겠다. 그는 분명, 아직 공기 중에 남아있는 45킬로그램 어치의 향기를 들이마셨을 것이다. 죽은 자를 기리기 위해 의도되었던 것이 이제는 왕을 높이기 위해 사용되고 있었다.

어쩌면 요한은 빈 무덤에서 자기 옆에 서 있는 친구를 팔꿈치로 툭 치며 말했을지도 모른다. "그분이 살아계셔, 베드로! 누가 가져간 게 아니야. 아무도 그분을 죽일 수 없어. 그분이 돌을 굴리셔서 우리가 들어올 수 있었던 거야. 이봐, 우리 경주하자! 첫 번째는 복음서를 쓰는 거야!"

요한은 보고 믿었다.

나는 내 생애에 보고 믿었던 순간을 기억한다. 나는 스무 살에 그리스도를 따르기 시작했지만, 스물둘 혹은 스물셋 언저리에 회의가 찾아왔다. 나는 친구에게 "내가 진짜 믿는 건지 잘 모르겠어"라고 인정했다. 그 친구의 대답은 단순했다. "그럼, 맥스, 질문 하나 할게. 십자가에서 죽으신 그리스도의 시체가 어디에 있니?"

나는 그의 논리가 기독교 변증학의 기초라는 걸 깨닫게 되었다. 논리의 흐름은 다음과 같다. 만약 예수님께서 무덤 밖으로 나오지 않으셨다면, 그분의 시체가 여전히 무덤 안에 있다면….

그분의 원수들은 왜 그것을 보여주지 않았을까? 그들은 예수님의 몸이 어디에 장사되었는지 알고 있었다. 시체를 보여주는 것만으로 교회는 요람에서 죽었을 거다.

사람들은 왜 그것을 부인하지 않았을까? 부활 후 약 오십 일이 되던

오순절 날에, 베드로 사도는 예루살렘에서 삼천 명이 넘는 사람들에게 "그리스도의 부활을 말하되 그가 음부에 버림이 되지 않고 그의 육신이 썩음을 당하지 아니하시리라 하더니 이 예수를 하나님이 살리신지라 우리가 다 이 일에 증인이로다"(행 2:31-32)라고 설교했다.

나는 상상 속에서 다락방에 있던 사도들이 "아멘"이라고 외치는 소리를 듣는다. 오순절에 성령을 받은 백이십 명의 제자들이 "아멘"이라고 선포하는 소리를 듣는다. 부활하신 주님을 목격한 오백여 명 형제들(고전 15:6)이 "아멘"으로 화답하는 소리를 듣는다. 아무도, 분명히 아무도 다르게 말할 수 없었다.

그들이 다른 걸 말할 수 있었다면 그리하지 않았겠는가? 그리스도의 원수들은 신이 나서 베드로의 설교를 침묵시킬 수 있었을 거다. 하지만 그들은 아무 말도 할 수 없었다. 보여줄 시체가 없었다. 알고 보면 그들의 침묵이 무엇보다도 가장 확실한 설교였다.

그리스도의 부활은 기독교 복음의 모퉁잇돌이다. 사도 바울은 직설적이었다. "그리스도께서 다시 살아나신 일이 없으면 너희의 믿음도 헛되고"(고전 15:17). 그리스도께서 살아나셨다면, 우리는 맞설 수 있고, 우리의 믿음은 소중하고 강력해진다.

부활절 초대장을 받아들여라. 무덤으로 들어가라. 사실들을 따져보라. 더 나아가서 그 결과들을 숙고해 보라. 부활 때문에 냉철하고 논리 정연한 믿음이 가능하다.

예수님은 부활에 대한 주장을 정직하게 점검해 보려는 노력을 환영하신다. 그분은 이 모든 게 믿기지 않는다는 걸 아신다. 믿음은 우리의 모국어가 아니다. 망설임? 환영이다. 신중함? 역시 환영이다. 사고와 지각력을 배제하는 것은 기독교의 전제조건이 아니다. 예수님은 자신의 부활하신 몸을 보여주기 위해 구도자들을 초대하신다.

믿음은 의심이 없는 것이 아니다. 믿음은 어려운 질문들을 기꺼이 해나가는 것이다. 나의 멘토인 린 앤더슨은 "믿음은 당신이 하나님에 대하여 가진 최선의 빛을 따르고 멈추지 않겠다는 결단이다"라고 말한다.

돌은 여전히 굴려져 있다. 머리를 쌌던 수건도 여전히 개어져있다. 세마포 싸개도 여전히 비어있다. 증거를 따져보라. 당신도 요한처럼 믿게 되는지 두고 보라.

기적을 발견하는 묵상 질문

1. 다음 중 오늘의 당신과 당신의 믿음을 가장 잘 묘사하는 것은 무엇인가? 그 이유는? (참고로, 틀린 답은 없다.)

    열렬한 신자: 당신은 예수님이 하나님의 아들이신 것과 십자가에서 죽으시고 장사되었다가 새 생명으로 부활하신 것을 믿는 굳건한 신앙인이다.

    소망을 가진 회의주의자: 당신은 예수님과 부활을 온전히 확신하지는 못하지만 신앙과 영성을 추구하고 소망하고 있다.

    불신자: 예수님은 존경할 만한 역사적 인물이지만 죽은 자 가운데서 부활한 것은 아니다.

2. 10장을 시작하면서 맥스는 그리스도의 부활을 의심했던 자신에 대해 고백한다. 만약 당신이 스스로를 "열렬한 신자"로 여긴다면, 당신은 부활 혹은 기독교 신앙의 다른 어떤 것을 의심해본 적이 있었는가? 만약 그렇다면, 당신이 의심했던 것은 무엇이었는가? 그 이유는?
   만약 당신이 "소망을 가진 회의주의자" 혹은 "불신자"라고 생각한다면, 예수님의 이야기 중에서 무엇이 의심스러운가? 그 이유는?

3. 당신의 신앙이나 교회는 의심하는 것이 허용되는가?

    - 그런 감정과 의심이 당신의 신앙 여정에 어떤 영향을 주었는가?
    - 당신은 자신의 믿음을 의심하거나, 다른 사람들이 의심하는 것에 대해 괜찮다고 생각하는가? 그렇다면 혹은 그렇지 않다면, 그 이유는?

4. 요한복음 19장 38-41절을 읽으라. 예수님의 시체는 어떻게 준비되었는가? 그분의 시체가 뉘었던 장소는 어디인가?

5. 이제 요한복음 20장 1-8절을 읽으라. 요한과 베드로는 무덤에서 무엇을 발견하였는가? 그것이 왜 중요한가?

6. 요한이 예수님께서 죽은 자 가운데서 부활하신 것을 처음 믿었던 순간은 언제였는가?(요 20:8 참고)

- 요한은 아직 예수님이 살아나신 것을 보지 못하였음에도 그분이 죽은 자 가운데서 부활하신 것을 믿었던 이유는 무엇인가?
- 요한은 예수님이 살아나신 것에 대해 어떤 증거를 갖고 있었는가?

7. 당신이 예수님의 부활을 처음 믿었던 순간은 언제였는가?

- 무엇이 당신을 믿게 만들었는가? 증거인가? 믿음인가? 둘 다인가?
- 그 믿음은 당신에게 무엇을 의미했는가?
- 그 믿음이 당신을 어떻게 변화시켰는가?
- 믿는다는 것은 어떤 느낌이었는가?

8. 요한은 **믿다**라는 단어를 요한복음에서 얼마나 많이 사용하였는가?

- 그가 그 단어를 그렇게 많이 사용한 이유가 무엇이라고 생각하는가?
- 맥스는 "**믿다**라는 단어는 단순히 사실을 받아들이는 것 이상을 의미한다. _____ 것이다"라고 했다(166쪽 참고). 빈칸을 채우라.

- 당신은 부활에 관해 그러한 믿음을 가졌다고 말할 수 있는가? 그렇다면 혹은 그렇지 않다면, 그 이유는?

9. 그리스도의 부활에 대한 믿음이 기독교 신앙에 있어서 왜 그렇게 중요한가?

- 당신은 부활을 당신의 신앙 중심으로 여기는가? 그렇다면 혹은 그렇지 않다면, 그 이유는?
- 그리스도인이지만 부활을 믿지 않는 것이 가능하다고 생각하는가? 그렇다면 혹은 그렇지 않다면, 그 이유는?
- 고린도전서 15장 17절은 "그리스도께서 다시 살아나신 일이 없으면 너희의 믿음도 헛되고"(고전 15:17)라고 말한다. 왜 그런가? 저 성경 구절에서 긴장감이 느껴지는가?

10. 부활이라는 진리에 관해 맥스는 어떤 증거를 제시하는가?(170쪽 참고)

- 그리스도의 죽음과 부활을 목격한 자들의 숫자가 왜 중요한가?
- 역사가 목격자의 증언과 문서를 통해 수년간 어떻게 기록되어왔는지를 생각해 보라. 우리는 역사책에서 읽은 내용을 믿는다. 우리로 (혹은 다른 이들로) 하여금 성경이 부활에 관해 말하는 내용을 믿지 못하게 막는 것은 무엇인가?
- 당신이 학교에서 배운 역사를 믿는 것과 그리스도의 부활을 믿는 것 사이에 차이점이 있는가? 만약 그렇다면, 그 차이점은 무엇인가?

11. 요한은 그리스도께서 부활하신 날 저녁에 부활하신 그리스도를 처음으로 뵙게 된다. 요한복음 20장 19-20절을 읽으라.

- 예수님께서 제자들에게 하신 첫 마디는 무엇이었는가?

- 예수님께서 제자들에게 무엇을 보여주셨는가?
- 그것은 제자들이 어떻게 느끼게 하였을까?
- 빈 무덤과 장례 세마포를 본 요한은 그 순간에 어떻게 생각하고 느꼈을까?

12. 맥스는 "믿음은 의심이 없는 것이 아니다. 믿음은 어려운 질문들을 기꺼이 해나가는 것이다"라고 썼다. 오늘 당신은 하나님께 어떤 어려운 질문을 여쭐 필요가 있는가? 어쩌면 당신은 부활에 관해서나 인생의 문제에 관해서 질문이 생겼을지 모르겠다. 아니면 신앙의 다른 영역에서 의심이 생겼을지도 모르겠다. 그것이 무엇이건, 당신의 질문과 의심을 성부 하나님께로 가져가라. 부끄러움이나 두려움 없이 가져가라. 왜냐하면 그분은 충분히 이해해주시고 듣고 싶어 하시기 때문이다.

You Are Never Alone

한 번쯤은 세상에 혼자라고 느꼈던
당신을 위한 하나님의 기적들
You Are Never Alone

11

예수님과 함께하는
아침식사

　레오나르도 다 빈치의 "최후의 만찬"은 작품이 완성된 지 얼마 안 돼서부터 상태가 나빠지기 시작했다. 원인은 여러 가지였다. 다 빈치에게도 일부 책임이 있었다. 밀라노의 공작이 수도원 개보수의 일환으로 벽화를 주문한 게 1494년경이었다. 하지만 다 빈치는 프레스코로 그리지 않았기 때문에 물감이 표면에 제대로 붙지 않았고 20년도 안 되어서 그림이 벗겨지기 시작했다.
　그리고 환경의 문제도 있었다. 식당("최후의 만찬"은 수도원 식당에 그려진 벽화이다 – 역주)이 도시의 저지대에 있어서 습해지기 쉬운 데다 레오나르도가 그림을 그린 북쪽 벽은 축축했다.

그림이 항상 최고로 관리된 것도 아니었다. 그림은 수십 년간, 가까운 부엌의 수증기와 제단의 촛불 그을음에 노출되었다. 어느 시점에는 그 벽에 문이 뚫려서 그리스도의 발이 잘려 나가기도 했다. 나폴레옹 시절에 그 식당은 마구간으로 바뀌었고, 병사들은 그곳에서 명화에 벽돌을 던지며 놀았다. 한때는 홍수로 인해 사제관이 연속 14일간 60센티미터나 잠겼는데, 그 결과 그림은 푸른곰팡이로 뒤덮였다. 1943년 10월 16일 영국 공군의 폭탄이 수도원을 공격했을 때는 식당 및 회랑의 지붕이 파괴되었다.

그림이 여태껏 존재하는 것 자체가 놀라울 따름이다. 그림이 지금까지 남아있는 것은 예술품 복원가들의 공로다. 수많은 경우마다 전문가들이 "최후의 만찬"에 자기들의 기술을 적용했다. 그들은 지치지도 않고 헌신했다. 가장 최근의 보존 노력은 1977년부터 1999년까지 22년간이나 지속되었다.[1]

역사가이자 화학자이기도 한 복원가는 한 가지 질문을 던진다. 작가의 원래 의도는 무엇이었을까? 확대경, 아세톤 1리터, 붓, 면봉, 인공 광택제 등이 도구로 활용된다. 예술품 복원가들은 정확히 1센티미터마다 원작자의 붓 터치를 모방하고 색을 복구하고 천재성을 드러낸다.

복원가들 덕분에 다 빈치의 걸작품이 지금껏 칭송받을 수 있었다.

예수님 덕분에 종들의 사역이 회복될 수 있다. 몇 년이라는 세월은 가장 순수한 성도들에게도 때를 묻힌다. 우리의 영혼은 더러워지고 우리의 영광은 빛을 잃는다. 우리도 깨끗해짐이 필요하다.

성경에 증거가 있다. 우리는 아브라함을 믿음의 조상이라 부르지만, 그는 한때 자기 아내를 아내라 부르기를 거부했던 자이다. 우리는 다윗이 남긴 말을 즐거워하지만, 그는 알려지다시피 친구의 아내를 즐거워했던 자이다. 라합은 예수님의 족보에 등장하는 몇 안 되는 여성 중 하나이지만, 세상에서 가장 오래된 직업의 포주이기도 했다. 바울은 그리스도인들을 가르치기 전, 그들을 잡아 죽였던 자이다. 야고보와 요한은 평화의 아들이 되기 전, "우레의 아들"이었다. 예수님을 따르던 제자들은 순교자로 죽기 전, 유치하게 싸웠던 자들이었다. 성경은 유명한 실패 이야기로 가득하다.

우리는 저들의 이름을 따라 자녀의 이름을 짓는다. 저들에 관한 노래를 부른다. 저들을 닮으려 한다. 하지만 솔직해지자. 다르게 행동했던 성경 인물은 없다. 그들은 탕자의 돼지 오물을 뒤집어쓰고 있다. 한 사람도 예외가 없다.

그리고 우리도 그렇다.

그것을 인정하고 와서 깨끗함을 받는 것이, 숨어있는 곳에서 나오는 것이 지혜로운 것이다. 우리 역시 완전히 실패했고 험하게 넘어졌다. 어떻게 하나님께서 그의 이름으로 우리를 그의 것이라 불러주시는지 궁금할 만큼 타락했다. 나는 지금 사소한 실수나 경범죄, 단순 과실에 관해 말하는 게 아니다. 나는 지금 하나님으로부터 등을 돌린 요나의 순간, 하나님으로부터 도망친 엘리야의 순간, 감히 하나님께 따지고

든 야곱의 순간을 수면 위로 드러내고 있는 거다.

당신이 했던 가장 어두운 행위들을 떠올릴 때, 당신의 기억은 당신을 어디로 데려가는가? 대학 캠퍼스? 인적 드문 모텔? 떳떳하지 못한 비즈니스 거래? 당신 인생에서 어떤 시절이 떠오르는가? 어떤 이들에게는 십대의 반항일 거다. 어떤 이들에게는 중년의 위기일 거다. 군대에서의 날들인가? 해외 파견근무를 했던 몇 개월인가? 친구를 버렸는가? 자리를 이탈했는가? 신념을 버렸는가?

하나님께 당신을 다시 사용하실 수 있는지를 여쭤본 적이 있는가? 그렇다면, 요한복음의 한 이야기로 돌아가야 한다. 베드로의 회복이라는 기적으로 말이다.

회복은 **두 번째 기회에 대한 찬가의** 둘째 연에 있다. 첫째 행에서 하나님은 우리를 용서하신다. 둘째 행에서 하나님은 지속적으로 우리를 회복시키셔서 섬김의 자리로 돌려보내신다. 그분은 반드시 우리를 씻기신다. 그리고 여기엔 이유가 있다. 한 번 더 그분의 선하심을 보여 주는 초상화가 되어 그분의 갤러리에 걸리는 것이 바로 그것이다.

예수님께서 베드로에게 그렇게 하시지 않았던가?

예수님과 베드로와의 관계는 십자가 사건이 있기 3년 전, 갈릴리 바다에서 시작되었다. 어부였던 베드로는 친구들과 함께 밤새도록 고기를 잡았다. 목수였던 예수님은 오전 내내 바닷가에서 설교를 하셨다. 그물은 비었고 어부들은 허탕을 쳤다. 예수님은 그들에게 어디에 그물을 던져야 하는지를 알려주셨다. 베드로와 친구들은 그 지시를 충분히 무시할 수 있었다. 그들은 피곤했다. 쉬고 싶었다. 게다가 예수님은 나무를 만지는 목수였지 그물을 던지는 어부가 아니었다. 그럼에도 베드로는 그 제안을 받아들였고, 결국 잡은 물고기를 끌어올리다가 다리에 쥐가 날 지경이 되었다(눅 5:1-7).

예수님과 베드로 사이의 바위산 같은 우정은 그렇게 시작되었다. '바위산'이라고 한 것은 거기에는 봉우리와 골짜기, 높은 곳과 낮은 곳이 있기 때문이다. 하지만 베드로가 예수님과의 약속을 깼던 그날 밤보다 더 낮은 순간은 없었다.

십자가에 달리시기 전날 밤이었다. 그리스도께서는 제자들에게 그들이 모두 자기를 버릴 거라고 말씀하셨다.

> 베드로가 여짜오되 다 버릴지라도 나는 그리하지 않겠나이다 예수께서 이르시되 내가 진실로 네게 이르노니 오늘 이 밤 닭이 두 번 울기 전에 네가 세 번 나를 부인하리라 베드로가 힘있게 말하되 내가 주와 함께 죽을지언정 주를 부인하지 않겠나이다 하고 모든 제자도 이와 같이 말하니라(막 14:29-31).

베드로의 결심은 오래가지 못했다. 로마인들이 예수님을 잡아가자, 베드로와 다른 제자들은 겁쟁이처럼 도망갔다. 베드로는 용기를 끌어모아 그 엉터리 재판 현장으로 돌아왔다. 하지만 법정에 들어갈 용기는 없었다. "베드로가 예수를 멀찍이 따라 대제사장의 집 뜰 안까지

들어가서 아랫사람들과 함께 앉아 불을 쬐더라"(54절).

불 덕분에 그의 몸은 따뜻해졌지만, 두려움에 그의 마음은 차가워졌다. 그가 예수님과 함께 있었느냐는 질문에 맞닥뜨렸을 때, 베드로는 그를 알지도 못한다고 부인했다.

그러나 베드로가 저주하며 맹세하되 나는 너희가 말하는 이 사람을 알지 못하노라 하니 닭이 곧 두 번째 울더라 이에 베드로가 예수께서 자기에게 하신 말씀 곧 닭이 두 번 울기 전에 네가 세 번 나를 부인하리라 하심이 기억되어 그 일을 생각하고 울었더라(71-72절).

그날부터 닭 우는 소리는 베드로에게 가슴속 한 자리에 응어리를 느끼게 했을 거라고 누구나 짐작할 수 있다.

그리스도는 십자가로 가 죽으셨다. 베드로는 그늘로 가 숨었다. 금요일은 비극이었다. 토요일은 침묵이었다. 그런데 일요일은? 그리스도께서는 그분의 발꿈치로 사망의 뱀인 사탄의 머리를 정확히 누르셨고, 일어나 무덤 밖으로 나가셨다. 여자들이 빈 무덤을 찾아왔을 때, 천사는 그들에게 이렇게 말했다.

놀라지 말라 너희가 십자가에 못 박히신 나사렛 예수를 찾는구나 그가 살아나셨고 여기 계시지 아니하니라 보라 그를 두었던 곳이니라 가서 그의 제자들과 베드로에게 이르기를 예수께서 너희보다 먼저 갈릴리로

가시나니 전에 너희에게 말씀하신 대로 너희가 거기서 뵈오리라 하라 하는지라(막 16:6-7).

오, 이럴 수가. 내가 방금 발견한 것을 당신도 눈치챘는가? 베드로는 예수님의 이름을 저주했었다. 그런데 천사는 그리스도의 지시대로 여자들에게 말했다. "반드시 베드로에게 메시지를 전하여라. 베드로가 놓치면 안 된다. 베드로가 자신을 배제하게 두지 말거라. 잠시라도 자기는 자격이 없다고 생각하게 해서는 안 된다." 그건 마치 온 천국이 베드로의 넘어짐을 지켜보았다는 말과 같다. 이제는 온 천국이 베드로가 다시 자기 발로 서는 것을 도와주기 원했다.

여섯 살 때, 나는 동생과 술래잡기를 하면서 식료품 가게의 통로를 따라 여기저기로 달렸다. 엄마는 얌전히 굴라고 말했지만, 우리는 듣지 않았다. 나는 코너를 돌다가 단독으로 진열된 꿀과 맞닥뜨렸고, 브레이크를 밟을 겨를도 없이 그것과 충돌했다. 병들이 사방으로 날아갔고, 손님들은 발걸음을 멈추고 쳐다보았다. 점장이 나타났다.

"넌 뉘 집 아이냐?" 그는 소리를 질렀다.

나는 끈적이는 것을 잔뜩 뒤집어쓴 채 바닥에 앉아있었다. 바닥에 널브러진 꿀 병들과 점장을 번갈아 쳐다보면서, 나는 내가 몇 년이나 감옥에 가게 될지 궁금해했다. 그 때, 내 뒤에서 엄마의 목소리가 들렸다. "저희 집 아이예요." 엄마는 대답했다. "제가 이 난장판을 정리할게요."

예수님도 베드로에 대해 똑같은 심정이셨다. "그는 내게 속한 자다. 내가 이 난장판을 정리하겠다."

그 정리 작업이 갈릴리 바닷가에서 일어났다. 베드로와 다른 제자들은 북쪽 바다로 128킬로미터를 이동했다. 우리가 모르는 어떤 이유로, 그들은 다시 물고기를 잡으러 갔다. 그리고 "그 날 밤에 아무것도 잡지 못하였"(요 21:3)다. 이번에도 그물이 비어있다. 물고기를 잡는 전문가가, 그 바다에서 자라온 어부가, 밤새도록 바다에 있었는데 피라미 한 마리도 못 잡았다니 어떻게 그럴 수가 있을까? 게다가 해변에 있는 낯선 이가 물고기를 더 잘 찾아내다니 어떻게 그럴 수가 있을까?

> 날이 새어갈 때에 예수께서 바닷가에 서셨으나 제자들이 예수이신 줄 알지 못하는지라 예수께서 이르시되 얘들아 너희에게 고기가 있느냐 대답하되 없나이다 이르시되 그물을 배 오른편에 던지라 그리하면 잡으리라 하시니(요 21:4-6).

아람어로 '데자뷰'라는 말이 있을까? 분명 제자들은 그 언젠가 바로 그 바다에서 아무리 수고해도 열매를 거둘 수 없던 그 밤을 떠올렸을 것이다. 끝없이 던졌던 그물. 그물이 물을 치는 철썩 소리. 땅거미가 어떻게 밤이 되었는지. 별들이 나왔고 물고기는 깊숙이 자취를 감추었다. 결국 아침 해가 떠올랐다.

이날 아침에도 저번과 같이, 어부가 아닌 한 남자가 한 번 더 그물을 던지라고 말했다. 그들은 따랐다. 그때와 같은 일이 다시 또 일어났다. 그물은 펄떡이는 은빛 아가미들로 가득했다. 그들은 갑자기 얼굴이 상기되었다. 그게 다 낯선 이가 준 팁 덕분이었다. "물고기가 많아 그물을 들 수 없더라"(6절).

요한에게 필요한 건 그게 전부였다. 해변에 있는 낯선 이는 더 이상 그에게 낯선 이가 아니었다. "예수께서 사랑하시는 그 제자가 베드로에게 이르되 주님이시라 하니 시몬 베드로가 벗고 있다가 주님이라 하는 말을 듣고 겉옷을 두른 후에 바다로 뛰어 내리더라"(7절).

베드로는 쏜살같이 바다로 뛰어들었다. 해안까지 헤엄쳐간 그가 예수님을 향해 걸어가면서 무엇을 보았을 것 같은가? "숯불"(9절)이었다.

복음서에서 숯불이 마지막으로 언급된 건, 베드로가 그 옆에 서서 뱃사람처럼 욕을 하며 그리스도라는 그 이름을 부인하던 장면이었다.

내 생각에 그 숯불은 예수님께서 말씀하시는 방법이었다. "네가 한 일을 나는 안다. 우리는 대화를 해야겠지." 우리는 예수님께서 베드로에게 핵폭탄 같이 퍼부으실 거라 예상할 수도 있다. 과거의 기억을 되살려서 베드로가 깨뜨린 약속을 열거하며 하늘로부터 내려오는 "내가 너한테 말했잖니"를 퍼부을 거라고 말이다. 못 박힌 손을 고발하는 손가락으로 사용하실 수도 있었을 거다. "깨달을 바를 깨달았니, 베드로?" 한두 번 크게 으름장을 놓으시는 것도 적절했을 거다.

하지만 아니었다. 그냥 이렇게 말씀하셨다. "와서 조반을 먹으라"(12절).

예수님은 주전자에 커피를 가져오셨다.

누가 이런 초대를 상상이나 했겠는가? 그리스도께서는 불과 며칠 전에 인류를 위한 속죄 제물로 죽으셨다. 그분은 사탄을 때려눕히시고 모든 무덤을 단기 숙소로 바꾸셨다. 천국의 천사들은 색종이 조각을 손에 쥐고 천국 문의 승전 퍼레이드를 위해 줄을 맞춰 있었다. 축하할 준비가 되어있었다. 하지만 파티는 기다려야 했다.

예수님은 친구들을 위해 물고기를 요리해주기 원하셨다. 베드로의 마음과 사역을 회복시키기 원하셨다. 친구의 마음에서 켜켜이 쌓인 죄책감과 수치심을 감지하셨다. 은혜의 면봉으로 그것들을 하나씩 벗겨내기 시작하셨다.

그래서 그들이 아침식사를 마쳤을 때, 예수님은 시몬 베드로에게 물으셨다. "요한의 아들 시몬아 네가 이 사람들보다 나를 더 사랑하느냐"(15절).

베드로는 그러겠노라고 대답했었다. "모두 주를 버릴지라도 나는 결코 버리지 않겠나이다"(마 26:33). 하지만 베드로는 모두가 보는 앞에서 고통스럽게 넘어졌다. 그래서 예수님은 모두가 보는 앞에서 친히 그를 회복시키셨다. 베드로는 주님을 세 번 부인했다. 주님은 그것에 대응하여 세 번 물으셨다.

"네가 이 사람들보다 나를 더 사랑하느냐?"(요 21:15)

"네가 나를 사랑하느냐?"(16절)

"네가 나를 사랑하느냐?"(17절)

베드로는 사랑을 고백함으로써 세 번의 부인을 회개할 수 있는 기회를 붙잡았다.

"내가 주님을 사랑하는 줄 주님께서 아시나이다"(15절).

"내가 주님을 사랑하는 줄 주님께서 아시나이다"(16절).

"내가 주님을 사랑하는 줄을 주님께서 아시나이다"(17절).

예수님은 사랑을 뜻하는 강한 단어를 사용하셨다. **아가페**다. 베드로는 '좋아함'을 의미하는 좀 더 보통의 단어로 대답했다. 그의 과장법은 사라졌다. 그의 마음은 정직하다. 그래서 그리스도께서는 세 번의 개인적인 위임으로 베드로를 회복시켜주셨다.

"내 어린 양을 먹이라"(15절).

"내 양을 치라"(16절).

"내 양을 먹이라"(17절).

예수님에겐 베드로가 해야 할 사역이 있었고, 베드로가 목양해야 할 양떼가 있었다. 사도는 용기를 잃었지만 자격을 잃은 것은 아니었다.

당신은 어떤가? 두 숯불 사이 어딘가에 있는가? 당신의 더듬거림과 휘청거림이 하나님의 계획 속 당신의 자리가 어디냐고 묻게끔 만드는가? 만약 그렇다면, 그리스도께서는 아직 당신과 끝내지 않으셨다는 사실을 베드로의 이야기에서 배우라. 당신은 넘어졌을지는 몰라도 아웃당한 것은 아니다. 혼자라고 느끼겠지만, 당신은 혼자가 아니다. 예수님은 베드로를 계속해서 찾으시며 그에게 임무를 주셨다. 예수님은 당신에게도 똑같이 하실 거다.

예수님은 당신을 "서게 하실 이"(유 1:24)이시다.

아침식사를 좀 하겠는가?

여기서 예수님이 주인공이시다. 예수님은 베드로를 발견하시고, 부르시고, 베드로에게 물고기 잡는 것을 지휘하시고, 베드로를 위해 숯불을 피우시고, 베드로를 위해 아침식사를 요리하시고, 베드로의 고백을 받으시고, 베드로에게 임무를 맡기셨다. 그리스도와 베드로 사이에 거리가 백 걸음쯤 된다면, 예수님은 아흔아홉 하고 반걸음을 가셨다.

그러나 베드로도 자기 걸음을 가야만 했다.

그는 갈릴리에서 예수님을 만났다는 소식을 들었다. 그래서 갔다.

그는 예수님이 해변에 계시다는 소식을 들었다. 그래서 뛰어들었다.

그는 그리스도의 질문을 받았다. 그래서 대답했다.

그는 순종했다. 응답했다. 상호작용했다. 달리 말하자면, 그는 그리스도와의 연합 가운데에 머물렀다.

당신도 딱 그러길 원할 것이다. 실패는 부인(否認)을 낳는다. 그리고 부인은 우리에게 필요한 바로 그분을 피하고 싶어한다. 욕구에 지지 말라. 예수님을 향하라. 예수님께 말하고, 그분께서 당신에게 말씀하실 때 귀 기울이라. 그분께 순종하라.

당신에게 회복이란 꼭 필요한 기적이다. 당신은 맹인이 보고 앉은뱅이가 걷는 이야기에 감탄한다. 떡의 풍족함과 포도주의 풍성함에 감동을 받는다. 하지만 당신에게 필요한 건 회복이다.

예수님은 당신에게 회복을 주기 원하신다.

그분은 분명 나를 회복시키셨다. 내가 셀 수 있는 것보다 더 많이, 나는 해변에 서 계신 예수님을 보았다. 그중에 한 번은 예수님이 나의 아내처럼 보였다. 이야기는 내가 새 스마트폰을 구입하면서 시작되었다. 나는 폴더폰에서 인터넷에 접근 가능한 폰으로 업그레이드를 했다. 나는 인터넷 사용에 늘 조심해왔다. 한두 번의 클릭으로 언제든지 볼 권리가 없는 여성들의 사진을 볼 수 있다는 사실이 나를 불안하게 했다. 그런 이유로 나는 기기에 항상 필터를 설치했다.

그런데 내게 첫 스마트폰이 생겼을 때, 음, 나는 스마트하지 않았다. 나는 스마트폰을 사무실로 가져와서 개봉하고 전원을 켰다. **와우, 뉴스랑 스포츠랑 이메일에 들어갈 수 있네. 폰으로 뭐든 할 수 있잖아?** 그러다가 그 생각이 났다. **이 장치는 보호가 되나?**

내가 해야 했던 행동은 이렇다. 복도를 지나서 우리 기술팀에 폰을 넘기는 것! 하지만 내가 했던 행동은 이랬다. 나는 보호되지 않은 장치에 부도덕적인 세계로 접근하는 몇 단어를 쳤다. 몇 초 만에 그녀가 화면에 나타났다. 나는 오래 쳐다보지 않았지만, 얼마였든지 간에 그 시간은 너무 길었다.

나는 폰을 꺼서 주머니에 넣고는 의자에 몸을 기댔다. **너 방금 무슨 짓을 한 거야?** 나에게 물었다. 폰에 필터를 설치하겠다고 결심했다. 하지만 내가 전화를 했을 때 우리 기술팀은 건물을 떠난 후였다. 그래서 나는 집으로 운전해 돌아왔다.

그날 저녁 이후로 10년 가까이 흘렀지만, 나는 생생하게 그날을 기억한다. 데닐린은 요리를 하고 있었다. 나는 부엌으로 들어가 선반에 주머니에 있던 것들을 꺼내놓았다. 아내는 새 폰을 보더니 집어 들었다. "오, 새 폰이군요?" 아내는 화면을 열었는데, 공포스럽게도 그 사진이 그때까지도 거기에 있었다.

아내의 얼굴에 드러난 상처가 내 마음을 찢어놓았다. 내 설명은 믿을 수 없고 얄팍하게 느껴졌다. 짙은 먹구름이 저녁 내내 덮여있었다. 우리는 대화를 시도했지만 아직 상처가 쓰라렸다. 나는 거의 잠을 못 이뤘다. 침대 밖으로 나왔을 때, 하늘은 여전히 어두웠다. 내 영혼도 그랬다.

나는 욕실에 들어가 불을 켰다. 그때 나는 데닐린이 먼저 일어났다는 걸 깨달았다. 아내는 욕실에 있지는 않았지만, 이미 욕실을 다녀간 후였다. 거울에는 1미터 높이의 립스틱 하트가 그려져 있었다. 그녀는 중앙에 "용서해요. 사랑해요"라고 적었다.

베드로는 해변에서 아침식사를 대접받았다. 맥스는 거울에 립스틱 편지를 받았다. 우리 둘 다 은혜를 입었다. 순전한 은혜였다.

누구도 실패 없이 인생을 살아내지 못한다. 그 누구도. 베드로도 못 했다. 야곱도 못 했다. 다윗왕도 못 했다. 솔로몬도 못 했다. 나도 못 했다. 그리고 당신도 못 할 거다. 우리가 피하리라고 결심한 그 일을 해버릴 가능성이 우리 각 사람 안에 있다. 어느 순간에 내면의 종마(種馬)가 울타리를 뚫고 나와서 한순간, 하루, 혹은 10년 동안 설치고 다닌다.

그런 일이 당신에게 일어났다면, 해변에서의 아침식사를 기억하라.

그런 일이 당신에게 **일어날 때**, 해변에서의 아침식사를 기억하라.

예수님은 베드로에게 주신 그것을 지금도 주신다. 전적으로 완전한 회복을 말이다.

베드로는 교회를 향해 첫 설교를 했다. 오순절에 복음을 처음으로 선포하는 특권을 누렸다. 예루살렘의 군중 앞에 서 있는 베드로를 상상하면서, 불과 2개월 전에 그가 숯불 앞에 서 있었음을 기억하자. 부인하는 베드로를 선포하는 베드로로 누가 바꿀 수 있는가? 예수님이 하실 수 있다.

그분은 그 때도 하셨다.

지금도 하신다.

● 기적을 발견하는 묵상 질문

1. 사랑하는 사람과의 약속을 어긴 적이 있는가?

   • 당신이 깬 약속은 무엇인가?
   • 사랑하는 사람이 약속이 깨어진 것에 대해 어떻게 반응하였는가?
   • 그/그녀가 당신을 용서했다면, 그것이 당신들의 관계를 어떻게 변화시켰는가?
   • 그/그녀가 당신을 원망했다면, 그 결과 어떤 행동이나 변화가 있었는가?

2. 우리는 살면서 사람들에게 상처를 준다. 또한 하나님께도 상처를 드린다. 맥스는 이렇게 썼다. "우리 역시 완전히 실패했고 험하게 넘어졌다. 어떻게 하나님께서 그의 이름으로 우리를 그의 것이라 불러주시는지 궁금할 만큼 타락했다. 나는 지금 사소한 실수나 경범죄, 단순 과실에 관해 말하는 게 아니다. 나는 지금 하나님으로부터 등을 돌린 요나의 순간, 하나님으로부터 도망친 엘리야의 순간, 감히 하나님께 따지고 든 야곱의 순간을 수면 위로 드러내고 있는 거다."

   • 글을 읽고, 당신이 실패하고 넘어졌던 순간에 관해 어떤 생각이 드는가?
   • 당신의 인생에서 그 사건이나 순간에 대해 하나님께서는 어떻게 느끼실 거라고 생각하는가?

3. 맥스는 베드로와 예수님과의 관계를 "바위산" 우정으로 묘사한다. 누가복음 5장 1-11절을 읽으라.

   • 베드로와 예수님과의 관계는 어떻게 시작되었는가?
   • 8절에서 베드로는 예수님께 어떻게 반응하였는가?
   • 11절에서 베드로와 다른 제자들은 무엇을 하였는가?

- 당신은 베드로와 예수님과의 관계를 본문에 기초해서 어떻게 설명하겠는가?
- 당신과 예수님과의 관계가 이처럼 새롭고, 흥미롭고, 실제적이어서 당신이 그분을 위해 무엇이든지 하고자 했던 때가 있었다면 설명해 보라.

4. 마가복음 14장 27-31절을 읽으라.

- 본문에서 베드로는 예수님께 무엇을 맹세하였는가?
- 베드로가 진심이었다고 생각하는가? 그렇다면 혹은 그렇지 않다면, 그 이유는?
- 베드로와 예수님과의 관계를 본문에 기초해서 설명해 보라.
- 당신도 예수님께 비슷한 약속을 드린 적이 있는가? 만약 그렇다면, 그 약속은 무엇이었으며 왜 그런 약속을 하였는가?

5. 마가복음 14장 66-72절을 읽으라.

- 베드로가 왜 예수님과의 관계를 부인했다고 생각하는가?
- 닭이 울고 예수님의 말씀을 떠올린 후 베드로는 무엇을 하였는가?
- 예수님과 했던 약속을 어긴 적이 있는가? 4번 질문의 답과 같은 약속이었는가?
- 당신이 약속을 깨뜨렸다는 사실을 깨달았을 때 어떤 감정이 들었는가?

6. 마가복음 16장 7절에서 주님의 천사는 제자들 중에서 유일하게 베드로만을 언급했다. 맥스는 말했다. "그건 마치 온 천국이 베드로의 넘어짐을 지켜보았다는 말과 같다. 이제는 온 천국이 베드로가 다시 자기 발로 서는 것을 도와주기를 원했다."

- 그것은 예수님에 관해, 그리고 예수님이 베드로에 대해 어떻게 느끼시는지에 관해 무엇을 말해주는가?
- 그것은 예수님이 당신에 대해 어떻게 느끼신다고 말해주는가?

7. 요한복음 21장 1-9절을 읽으라.

- 본문의 기적 이야기와 누가복음 5장 1-11절 사이에 어떤 유사점이 있는가?
- 이제 요한복음 21장 15-17절을 읽으라. 이 대화는 마가복음 14장 66-72절에서 베드로가 그리스도를 부인했던 사건과 어떻게 대구를 이루는가?
- 성경에서 이런 유사점이 갖는 의미가 무엇이라고 생각하는가?
- 그런 유사점들은 베드로와 예수님과의 관계에 관해 무엇이라고 말하는가?

8. 당신이 방금 읽었던 베드로의 이야기들 중에서 오늘 당신에게 가장 큰 반향을 일으키는 것은 무엇인가?

- 당신은 예수님을 위해 모든 것을 포기하고자 하는 새로운 신자인가?
- 당신은 예수님과의 약속을 어긴 적이 있는가? 지금 그 수치심을 다뤄가는 중인가?
- 혹은 최근에 그리스도의 깊은 용서와 그분과의 회복된 관계를 경험한 적이 있는가?
- 오늘 당신이 어디에 서 있는지와 상관없이, 당신은 예수님과의 관계가 어떠하길 원하는가?

9. 맥스는 아내가 자신을 용서했던 이야기를 들려준다. 예수님께서 당신의 거울에 어떤 용서의 메시지를 써주시길 원하는가?

10. 베드로의 사명은 끝나지 않았다. 예수님은 그에게 "내 어린 양을 먹이라 … 내 양을 치라 … 내 양을 먹이라"(요 21:15-17)라고 말씀하셨다.

- 베드로는 그리스도를 위해 무슨 사역을 해나갔는가?(193쪽 참고)
- 당신의 실패로 인해 당신이 그리스도를 위한 사역을 계속 해나갈 수 없다고 믿었던 적이 있는가?
- 만약 그렇다면, 당신이 더는 할 자격이 없다고 믿었던 사역은 무엇이었는가?
- 만약 당신이 예수님으로부터 온전히 용서받았다고 느낀다면, 당신은 예수님의 이름으로 무슨 사역을 하고 싶은가?

11. 맥스는 예수님이 베드로를 용서하셨지만 베드로 입장에서 한 걸음 나아가야 한다고 지적한다. 베드로는 갈릴리로 갔고, 물에 뛰어들어서 해변으로 헤엄쳤으며, 예수님과 대화했다. 오늘 당신에게도 예수님을 향해 한 걸음 나아가는 것이 필요한가? 만약 그렇다면, 당신에게 그것은 무엇일까?

한 번쯤은 세상에 혼자라고 느꼈던
당신을 위한 하나님의 기적들
You Are Never Alone

12

믿으라,
믿기만 하라

중년의 남자가 모텔 수영장에서 우스꽝스러운 짓을 하고 있는 걸 상상해 보라. 그의 네 살짜리 딸은 귀퉁이에 서서 쳐다보고 있다. 그 애의 엄마는 수영장 의자에 앉아 한숨을 쉰다. 다른 투숙객들은 그 남자를 흘깃 쳐다보고는 제정신인가를 의심한다. 그렇다면 그들은 그처럼 해본 적이 없는 거고, 만약 해봤다면 그들은 공감했을 거다.

어린 자녀에게 수영장으로 점프해 들어오라고 설득하는 건 쉽지 않다. 내가 믿기로, 제나가 물속으로 풍덩 뛰어드는 건 시간문제였다. 하지만 그 애는 확신하지 못했다. 수영장 귀퉁이에 서 있었다. 발끝은 콘크리트를 꽈악 쥐고, 팔은 자기 몸을 꼬옥 끌어안고, 눈은 아빠를 쳐다보고 있었다. 그렇다, 바로 나였다. 나는 아쿠아틱, 아크로바틱, 잠수, 수중발레 기술을 총동원했다.

"봐봐, 재밌어!" 나는 배영을 하거나 엉덩이를 바닥으로 쭈욱 잡아 빼거나 벨루가 고래인 척하거나 반대편까지 수영했다가 돌아왔다.

나는 제나가 점프해서 놀라운 물의 세계로 들어오기를 간절히 바랐다. 나는 여름날엔 자전거를 타고 공공 수영장에 가서 살다시피 하며 자랐다. 25센트면 그곳에서 하루종일 하이 다이빙, 배치기 다이빙을 하고, 손발이 퉁퉁 붓도록 마르코폴로 게임(수중 술래잡기, 술래가 눈을 감고 '마르코' 하면 나머지는 '폴로'라고 외치며 술래는 소리를 따라 찾는다-역주)을 즐길 수 있었다.

"잡아줄게!" 나는 제나에게 말했다. "너도 좋아할 거야!" 나는 계속해서 제나에게 말했다. "그냥 아빠를 믿어봐!" 나는 포기하지 않고 제나에게 말했다. 결국 제나는 해냈다.

제나는 점프했다. 물속으로 풍덩 뛰어들었다. 한 걸음 내디뎠다. '수영장 귀퉁이'에서 '수영장 속으로' 이동했다.

나는 약속한 대로 제나를 붙들었다.

내가 약속한 대로 제나는 생존했다.

그리고 제나는 좋아했다. 모든 게 제나가 믿은 덕분이었다.

우리 목사들은 이 믿음의 문제를 복잡하게 만드는 경향이 있다. 우리는 전문성과 정확성을 추구하면서, 구원의 정확한 순간과 회개의 증거에 관하여 논문을 쓰는 걸로 알려져 있다. 알아야 할 것과 행해야 할 것을 끝도 없이 논의해왔다.

나를 단순하다고 여기겠지만, 제나의 경험에 비추어 생각해 보라. 하나님은 좋은 아버지이시다. 그분은 인생에 관해 뭔가를 알고 계시다. 그리고 우리를 초대하셔서 한 걸음 내딛게 하신다. 단행하게 하신다. 점프하게 하신다. 물속이 아니라 그분과의 관계 속으로 말이다. 그 관계는 생기와 기쁨이 넘치며, 신나는 관계다! 미리 말하지만, 항상 쉬운 건 아니다. 하지만 위험을 감수할 가치가 충분하다. 수영장 귀퉁이에 앉아있는 인생보다는 모든 면에서 훨씬 낫다.

자녀를 수영하도록 설득하는 것이 뭔지 요한이 알았다고 생각할 만한 근거는 없다. 하지만 내가 믿음을 설명하는 방식을 요한이 인정해 줄 거라고 생각하고 싶다. 요한의 복음서에는 **'당신이 믿게 하기 위해서'** 라는 부제를 달아 줄 수 있기 때문이다.

물을 포도주로 바꾸는 기적을 왜 기록했는가? 예수님께서는 삶이 앗아간 것을 회복시킬 수 있음을 당신이 믿게 하기 위해서다.

왕의 신하의 믿음에 관해 왜 기록했는가? 예수님께서는 당신이 알지 못하는 순간에도 당신의 기도를 들으신다는 사실을 믿게 하기 위해서다.

앉은뱅이가 자리를 들고 걸어가고, 맹인이 눈에서 진흙을 씻어낸 사건을 왜 기록했는가? 새로운 버전의 우리를 보시고 우리에게 새로운 비전을 주시는 예수님을 믿게 하기 위해서다.

왜 물 위를 걷고, 왜 수천 명을 먹이며, 왜 죽은 자를 살리셨는가?

하나님은 지금도 인생의 폭풍을 잠잠케 하시고, 지금도 인생의 문제들을 해결하시며, 지금도 죽은 자들에게 생명을 가져다주신다는 사실을 믿게 하기 위해서다.

은혜가 필요한가? 예수님의 구속사역은 지금도 완성된 상태다.

이 모든 게 사실이라는 확신이 필요한가? 무덤은 지금도 비어있다.

두 번째 기회가 필요한가? 갈릴리 해변의 숯불은 지금도 타고 있다.

이 모든 사건들이 한목소리를 내면서 당신을 응원하고 있다. 기적을 행하시는 하나님이 당신을 돌보시고 당신을 위해 싸우시며 당신을 도우러 오실 것임을 믿으라고 촉구하고 있다.

이 기적들은 당신의 삶에 일어나고 있다. 어린 선수 루크가 꿈을 이룰 수 있도록 한 해의 마지막 경기에서 농구선수들과 팬들이 했던 것과 같이 말이다.

루크는 다른 초등학생들과는 배움의 속도가 달랐다. 동기들보다 더 느리게 배웠다. 하지만 그는 쾌활한 미소와 순수한 마음을 가졌고, 그를 아는 모든 이로부터 사랑을 받았다.

교회의 목사님이 농구팀을 결성했을 때, 루크도 입단했다. 다른 소년들이 드리블과 레이업을 연습할 때 루크는 자유투 라인에서 골대에 공을 던졌다. 공은 거의 들어가지 않았지만, 들어갔을 때 루크는 손을 치켜들며 소리쳤다. "보세요, 코치님! 저 좀 보세요!" 코치는 그를 바라보고 웃어주었다.

그 시즌에 팀의 성적은 그다지 좋지 못했다. 그들은 딱 한 번 이겼을 뿐이었다. 게다가 그 승리는 상대팀이 눈보라 때문에 오지 못했기 때문이었다. 그 해의 마지막 경기에서 그들은 리그 중 최고의 경기를 했다. 시작하자마자 끝난 경기였다. 마지막 쿼터가 끝나갈 즈음에, 루크의 팀은 약 30점이 뒤져있었다. 한 팀원이 타임아웃을 부른 건 그때였다. "코치님," 그가 말했다. "이건 우리의 마지막 경기에요. 그런데 루크는 한 경기도 못 뛰었잖아요. 루크를 경기에 뛰게 해주어야 한다고 생각해요."

팀이 동의했다. 코치는 자유투 라인 근처에 루크를 배치하고는 그에게 기다리라고 지시했다.

루크는 열광했다. 그는 자기 위치에 서 있었다. 공이 그에게 패스되자 그는 슛을 날렸고 놓쳤다. 상대팀 선수가 리바운드를 잡아서 코트 위를 드리블했고 쉽게 득점했다. 루크에게 다시 공이 전해졌다. 그는 슛을 날렸고 다시 놓쳤다. 상대팀은 리바운드를 잡아 다시 득점했다.

차츰 상대팀이 무슨 상황인지 이해하기 시작했다. 상황을 파악하자, 그들은 행동을 취했다. 그들도 루크에게 공을 패스하기 시작한 것이다. 루크는 계속해서 슛을 놓쳤고, 양 팀 선수들은 계속해서 루크에게 공을 던져주었다. 머지않아 경기장 안의 모든 사람이 루크의 득점을 뜨겁게 응원하고 있었다.

코치는 경기 시간이 다 끝났다는 것을 알았다. 하지만 경기는 끝나지 않았다. 그는 공식 시계를 쳐다봤다. 시계는 4.3초에 멈춰있었다. 계시원(計時員)들조차 동참하고 있었던 것이다. 그들은 서서 군중들과 함께 소리치고 있었다. "루크! 루크!"

루크는 슛을 날리고 또 날렸다. 다시, 또다시, 또다시 던졌는데, 드디어 루크의 슛이 기적적으로 골대를 맞고 튕겨 올랐다. 모두가 숨을 죽였다. 공은 골대 안으로 들어갔고, 장내는 폭발했다! 루크는 팔을 공중으로 치켜 올리고 소리쳤다. "내가 이겼다! 내가 이겼다!" 팀이 그를 코트 밖으로 에스코트했고, 시계는 움직였고, 경기는 끝났다.[1]

나는 이 이야기에서 복음을 본다. 당신과 나를 향한 하나님의 헌신이라는 그림을 본다. 하나님은 우리가 이기기를 원하신다. 반드시 농구에서 이길 필요는 없다. 믿음과 소망과 삶에서 이기기를 원하신다. 우리가 영원히 이기기를 원하신다. 언젠가 당신과 내가 하늘을 향해 승리의 주먹을 휘두르게 하시기 위해, 하나님은 모든 병력을 결집시키고, 모든 도구를 끌어모으고, 모든 기적을 동원하신다.

예수님의 기적들을 그분의 무기로 여기라고 하고 싶다. 그 기적들은 하늘에서 온 찬가로서 당신과 나의 이름을 부르면서 믿음을 촉구하고 있다.

예수님은 여전히 기적들을 통해 초대장을 보내신다.

우리 교회의 한 귀한 성도는 어린 시절 대부분을 굽은 척추와 싸웠다. 그것은 그녀의 성장을 지연시키고 수면을 방해했다. 그런데 그녀가 스무 살이 되었을 때 의사들은 그 자리에서 종양이 급속도로 자라고 있음을 발견했다. 그녀는 수술을 받으러 들어가면서 우리에게 기도를 부탁했다.

그녀는 수술에서 깨어나 깜짝 놀란 외과의의 말을 듣게 되었다. "제가 엑스레이에서 본 것과 수술실에서 본 것은 전혀 달랐어요. 당신의 척추는 건강합니다. 종양도 없고요. 설명할 길이 없군요."2)

우연의 일치라고? 그녀에게 그분의 임재를 상기시켜주시기 위한 하나님의 표적이 아닐까?

마크 보우만은 캄보디아에서 20년이 넘도록 크리스천 고아원을 책임지고 있었다. 그와 그의 아내는 우물을 파는 일에서부터 아픈 아이들을 돌보는 일에 이르기까지 사역의 모든 것을 세세하게 운영했다. 고아들은 마크를 아빠라고 불렀고, 그는 그 아이들을 자녀로 여겼다. 그렇기에 그와 그의 가족이 1975년에 폭동으로 인해 갑자기 캄보디아에서 빠져나와야 했을 때, 그의 마음은 매우 아팠다. 그는 태국으로 안전하게 피신할 수 있었지만 아이들에 대한 생각을 멈출 수가 없었다. 2주 후 그는 고아원 직원으로부터 간절한 전화 한 통을 받았다. 돌아와서 그들을 도와달라는 것이었다.

그는 서둘러 방콕 공항으로 갔다. 그곳은 혼돈 상태였다. 수십 명의 사람이 캄보디아로 가는 항공권을 사려고 아우성이었다. 항공권 발행 직원은 군중에게 소리쳤다. "더 이상 티켓이 없어요!" 마크는 어찌해야 할지를 몰랐다.

그때 다른 항공사의 카운터가 그의 눈에 들어왔다. 그곳에는 아무도 줄을 서지 않았다. 그는 항공권 발행 직원에서 다가가서 캄보디아행 좌석이 있냐고 물었다.

"네. 한 자리 남았네요." 그녀가 말했다. "여권을 주시겠어요?"

마크는 두 시간 후에 캄보디아에 도착했다.3)

아무도 줄 서지 않은 항공사? 하나 남은 좌석? 우연의 일치일까? 아니면 하나님이 개입하신 걸까?

어제 아침, 나는 신용카드 서비스센터에 전화를 걸었다. 내 신용카드에 문제가 있었는데, 지난 두 달간 내가 전화할 생각만 했다는 걸 보면 알 수 있듯이 그다지 긴급하지는 않았다. 그 문제는 나의 할 일 목록의 우선순위에서 계속 밀려왔다. 하지만 일단 전화를 하고 나자, 나는 무언가가, 혹은 누군가가 일부러 지연시켰던 것은 아닐까 생각했다.

직원에게 내 이름을 말하자, 그녀는 "맥스 루케이도라고요? 그 맥스 루케이도요?"라고 말했다.

내 이름에 저렇게 반응하는 사람은 두 가지 유형이다. 가석방 담당관이거나 내 책을 읽은 독자이거나. 나는 그녀가 후자이기를 바랐다.

그녀는 후자였다. 그녀는 내 책들이 수년간 그녀에게 얼마나 용기를 주었으며, 그 책들을 침대 맡에 얼마나 가까이 두었는지를 이야기했다. 그러던 어느 순간 그녀의 목이 잠기기 시작했다. 그녀는 말을 잇지 못했다. 약 1분간 아무도, 아무 말도 하지 않았다. 그녀는 조용히 흐느꼈다.

그 후 그녀는 마음을 추스르고 프로답게 행동하지 못한 점을 사과했다. 나는 그녀의 눈물이 나를 성가시게 하지 않았다고 말해주었다. 그리고는 조심스레 무슨 일인지 물었다.

그녀는 자신이 방금 병원을 다녀왔는데 울혈성심부전 진단을 받았다고 설명했다. 그 소식에 그녀는 망연자실했다. 사무실로 돌아오는 길에 남편에게 전화했다. 받지 않았다. 아들에게 전화했다. 받지 않았다. 사무실 건물에 들어오면서 가까스로 눈물을 참았다. 누군가와의 대화가 필요했다. 그녀는 기도했다. **주님, 저의 짐을 누군가와 함께 나누게 해주시겠어요? 아무라도?**

그녀는 책상으로 돌아와 자리에 앉았고, 그녀가 받은 다음 전화 상대가 나였다.

얼마나 기이한 일인지! 고객센터 직원 중에 하필 그녀가 내 전화를 받다니. 내가 전화할 수 있었던 그 많은 날 중에 하필 내가 전화했던 그 날이라니.

이런 이야기는 수도 없이 계속된다.

원한다면 설명해 보라. 우연한 사건으로 치부해 보라. 아니면 이 기적들이 의도된 목적을 이루도록 허락하라. 우리가 하나님의 영원한 도우심 가운데 돌봄을 받고 있다는 사실을 상기시켜주려는 목적을 말이다. 우리는 우리를 돌보시는 하나님, 전능하시고 선하신 하나님의 자녀다.

요한의 소망은 우리가 믿는 것이다. 불신자들이 믿게 되는 것이다. 신자들이 "예수께서 하나님의 아들 그리스도이심"(요 20:31)을 꾸준히 믿는 것이다.

그렇다. 요한의 소망, 요한복음의 소망, 하나님의 소망, **이 책**의 소망이다. 우리로 믿게 하는 것이다. 우리의 힘, 인류의 자립능력, 타로카드나 재산, 멋진 외모나 행운이 아니라 예수님을 믿게 하는 것이다. 예수님을 그리스도로, 메시아로, 기름부음 받은 자로 믿게 하는 것이다. 예수님을 하나님의 아들로 믿게 하는 것이다.

기적의 메시지는 바로 기적을 행하시는 분 자신이다. 그분은 당신이 결코 혼자가 아님을 알기 원하신다. 당신에겐 도움과 소망과 힘이 늘 함께한다. 당신은 당신의 생각보다 강하다. 왜냐하면 하나님께서 당신의 생각보다 가까이 계시기 때문이다.

하나님은 당신이 알기 원하신다.

나는 너에 관해 모든 것을 안단다(시 139:1).

나는 너의 앉고 일어섬을 안단다(시 139:2).

나는 너의 머리털까지 다 세고 있단다(마 10:29-31).

나는 너를 양자로 삼아 가족으로 들였단다(롬 8:15).

나는 네가 모태에서 주근깨만하기 전부터 너를 알았단다(렘 1:4-5).

너는 나의 계획이란다. 나에게는 선한 계획만이 있단다(엡 1:11-12).

너는 내 뜻보다 하루도 더 길거나 짧게 살 수 없단다(시 139:16).

나는 너를 내 자녀로 사랑한단다(요일 3:1).

내가 너를 돌볼 것이란다(마 6:31-33).

잠깐 사랑하고 영영 떠나는 일들이 내게는 결코 없단다. 내가 너를 영원한 사랑으로 사랑한단다(렘 31:3).

나는 너를 향한 생각을 멈출 수 없단다(시 139:17-18).

너는 소중한, 나의 소유란다(출 19:5).

함께 위대한 일들을 하자꾸나(렘 33:3).

어떤 것도 나의 사랑에서 너를 끊을 수 없단다(롬 8:38-39).

앞서 나는 12장을 아버지의 이야기로 시작했다. 마무리도 그렇게 할까 한다.

내 딸들이 아직 어릴 때, 나는 여행을 다녀올 때면 아이들을 위한 선물을 준비해서 돌아왔다. 문을 열고 들어와 "아빠 왔다!"라고 외치면 딸들은 발소리를 내며 달려와 내게 안겼다. 딸들이 "어떤 선물을 가져오셨어요?"라고 물어도 당황하지 않았다. 새로운 장난감을 들고 날쌔게 사라져 버려도 모욕감을 느끼지 않았다. 한편으로 내겐 쉼이 필요했다. 게다가 나는 딸들이 돌아오리란 걸 알고 있었다. 잠자리에 들기 전, 딸들은 깨끗이 씻고 잠옷을 입고는 내 무릎 위로 기어 올라왔다. 우리는 함께 책을 읽거나 내가 이야기를 들려주었다. 그러면 곧 딸들은 잠이 들었다.

딸들을 편안하게 해주는 것은 내가 준 선물이 아님을 나는 알고 있었다. 딸들을 편안하게 해주는 것은 나의 존재였다.

하나님께서 당신의 인생을 축복하시어 셀 수 없이 많은 기적들로 함께하시기를 기도한다. 당신의 물이 포도주가 되기를 기도한다. 어두운 폭풍이 봄 햇살로 바뀌기를 기도한다. 당신의 도시락 같은 믿음을 통해 하나님께서 수많은 사람을 먹이시기를 기도한다. 고침 받은 앉은뱅이처럼 당신이 걷기를, 맹인이다가 보게 된 자처럼 당신이 보기를, 죽었다가 살아난 나사로처럼 당신이 살기를 기도한다. 십자가의 은혜 안에 거하기를, 빈 무덤의 소망 안에 거하기를, 회복의 능력에 대한 확신 안에 거하기를 기도한다. 하지만 무엇보다도, 당신이 믿기를, 하나님이 당신의 영원한 도움이심을 믿기를 기도한다.

그분의 임재 안에서 쉼을 발견하기를 기도한다.

● 기적을 발견하는 묵상 질문

1. 요한은 복음을 말하고 그리스도의 기적을 전하는 이유를 기록했다. "오직 이것을 기록함은 너희로 예수께서 하나님의 아들 그리스도이심을 믿게 하려 함이요 또 너희로 믿고 그 이름을 힘입어 생명을 얻게 하려 함이니라"(요 20:31). 예수님의 기적들을 공부하는 것이 당신이 그분을 부활하신 하나님의 아들로 믿는 믿음에 어떤 영향을 주었는가?

2. 당신은 아래에 나열된 기적들에서 어떤 진리 혹은 약속을 발견했는가? 그중에서 요즘 당신의 삶을 가장 잘 나타내는 것은 무엇인가?

    예수님께서 물을 포도주로 바꾸신 것:
    예수님께서 왕의 신하의 아들을 고치신 것:
    예수님께서 앉은뱅이를 고치신 것:
    예수님께서 눈먼 자를 고치신 것:
    예수님께서 물 위를 걸으신 것:
    예수님께서 오천 명을 먹이신 것:
    예수님께서 죽은 자 가운데서 나사로를 살리신 것:
    예수님께서 십자가에서 구속 사역을 완성하신 것:
    예수님의 몸이 부활한 것:
    예수님께서 제자들이 많은 물고기를 잡게 하시고 베드로에게 두 번째 기회를 주신 것:

3. 맥스는 "기적의 메시지는 바로 기적을 행하시는 분 자신이다. 그분은 당신이 결코 혼자가 아님을 알기 원하신다. 당신에겐 도움과 소망과 힘이 늘 함께한다. 당신은 당신의 생각보다 강하다. 왜냐하면 하나님께서 당신의 생각보다 가까이 계시기 때문이다"라고 했다. 위 나열된 기적 중에서 이 약속을 가장 확신하게 하는 것은 무엇인가?

4. 맥스는 루크가 농구 경기에서 득점하는 감동적인 이야기를 들려준다. 루크의 팀 동료들뿐만 아니라 상대팀 선수들까지도 계속해서 그에게 공을 던져주었다.

- 그 이야기에서 우리는 루크와 어떤 점이 비슷한가?
- 지난주를 떠올려 보라. 비록 그 순간에는 간과했지만, 기적을 경험했다면, 어떤 기적이었는가?
- 비록 인식하지 못했지만, 당신 주변의 사람들은 어떤 기적을 경험했는가?
- 우리가 매일 주변에서 일어나는 기적들을 인식하기 어려운 이유는 무엇인가?
- 당신은 그런 사건을 기적이라고 부르는가? 아니면 우연의 일치나 운명의 장난이라고 부르는가? 그 이유는?
- 당신 삶의 그런 기적들은 크건 작건 당신에게 하나님과 그분의 임재에 대해 무엇을 말해주는가?

5. 맥스는 하나님이 가까이 계시다는 사실을 알려주기 위해 몇 가지 성경 구절을 나열한다(208쪽 참고). 그 성경 구절들 중에 오늘 당신에게 가장 필요한 것은 무엇인가? 그 이유는?

6. 묵상 질문의 1장 첫 번째 질문은 "당신은 기적에 대해 어떻게 생각하는가?"였다. 질문에 대한 답이 어떤 식으로든 바뀌었는가? 아니면 동일한가? 이유를 말해 보라.

7. 당신 삶의 기적이건 요한복음에 기록된 기적이건, 기적에 관해 여전히 갖고 있는 의심이 있다면 무엇인가?

- 그런 의심을 갖게 된 이유가 무엇인가?
- 그런 의심을 극복하기 위해 알아야 할 것 혹은 경험해야 할 것은 무엇일까?

8. 이 책의 궁극적인 약속은 **당신은 절대로 혼자가 아니다**이다. 그 약속이 당신과 당신의 삶과 당신의 믿음, 당신의 인간관계를 어떻게 바꿀 수 있을까?

9. 마지막으로, 어떤 생각이나 질문이나 기도나 관심이라도 성부 하나님께 가지고 가라. 당신의 인생에서 기적이 필요하다면, 구하라. 더 큰 믿음이 필요하다면, 구하라. 용서가 필요하다면, 구하라. 당신이 혼자가 아님을 깨닫기 원한다면, 하나님의 영원하신 임재에 대한 감각을 구하라.

주

1. 우리는 못 하지만 하나님은 하신다

1) "The Loneliness Epidemic," https://www.hrsa.gov/enews/past-issues/2019/january-17/loneliness-epidemic; Julianna Holt-Lunstad, phD, "The Potential Public Health Relevance of Social Isolation and Loneliness: Prevalence, Epidemiology, and Risk Factors," *Public Policy & Aging Report*, volume 27, issue 4, 2017, pages 127-130, https://doi.org/10.1093/ppar/prx030, published January 2, 2018; "Friends are Healthy—Impact of Loneliness on Health & Cognition," https://www.themaples-towson.com/news/friends-are-healthy-impact-of-loneliness-on-health-cognition.

2) Teresa Woodard, "80 People Went to Dallas Emergency Rooms 5,139 Times in a Year—Usually Because They Were Lonely," WFAA, May 28, 2019, https://www.wfaa.com/article/features/originals/80-people-went-to-dallas-emergency-rooms-5139-times-in-a-year-usually-because-they-were-lonely/287-f5351d53-6e60-4d64-8d17-6ebba48a01e4.

2. 삶이 앗아간 것을 하나님이 채우신다

1) "여기가 바로 싸움터의 열기 속 믿음이 자리한 곳이다. … [마리아는] 마음속으로 이것을 분노 혹은 자비의 정반대로 해석하지 않고, 오히려 그분[예수님]이 자비하시다는 확신을 굳건히 붙잡는다.… 그분을 자비하심과 은혜로우심 이외의 단어로 생각함으로써 그분을 모욕하려는 마음이 전혀 없다. … 이런 이유로, 이 복음서의 교훈 중 가장 고결한 사상은, 그것은 반드시 마음에 새겨야 할 것인데, 우리가 하나님을 선하고 은혜로운 분으로 높여야 한다는 것이다. 설령 그분의 말과 행동이 그리 아니 보일지라도 말이다. … 그녀는 비

록 그렇게 느끼지 못했을지라도 그분이 은혜를 베푸시리라는 걸 확신했다." 프레더릭 데일 브루너의 책에서 인용된 마르틴 루터(Martin Luther)의 말, Frederick Dale Brunner, *The Gospel of John: A Commentary* (Grand Rapids, MI: Eerdmans, 2012), 138-39.

2) 25갤런(94.6리터)짜리 항아리 여섯은 150갤런(567.8리터)이다. 1갤런이 128온스(3.8리터)이므로 150갤런은 19,200온스(567.8리터)와 같다. 포도주병 하나에 25.4온스(0.75리터)가 들어가므로 19,200온스는 756개의 병을 채울 것이다.

3. 기도하고 응답받기까지의 긴 여정

1) Bill Bryson, *A Walk in the Woods: Rediscovering America on the Appalachian Trail* (New York: Random House, 1998), 161. (빌 브라이슨, 『나를 부르는 숲』, 까치)
2) Zach C. Cohen, "Bill Irwin Dies at 73; First Blind Hiker of Appalachian Trail," *Washington Post*, March 15, 2014, https://www.washingtonpost.com/national/bill-irwin-dies-at-73-first-blind-hiker-of-appalachian-trail/2014/03/15/a12cfa1a-ab9b-11e3-af5f-4c56b834c4bf_story.html.
3) R. Kent Hughes, *John: That You May Believe* (Wheaton, IL: Crossway, 1999), 138.

4. 일어나, 네 자리를 들고, 걸어가라

1) Grace Murano, "10 Bizarre Stories of People Getting Stuck," Oddee, April 4, 2011, https://www.oddee.com/item_97665.aspx.

2) 최근의 번역본들은 이 구절에서 가끔씩 물의 표면을 움직이는 천사에 대한 특이한 언급을 없애는 쪽을 선택했다. 물의 거품이 올라온 후에 처음으로 물에 닿은 사람이 낫는다는 것 말이다. 거의 모든 복음주의 학자들은 사람들이 그 연못에 모여든 이유를 설명하기 원했던 교정자나 편집자에 의해 그 단어들이 추가되었다는 데에 동의한다. 그 구절이 요한의 원본의 일부였건 아니었건 간에, 베데스다 연못이 많은 병자들("맹인, 다리 저는 사람, 혈기 마른 사람들"(요 5:3))로 둘러싸여 있었다는 사실은 그대로 남는다.
3) "Bethesda," BibleWalks.com, https://biblewalks.com/Sites/Bethesda.html.
4) Lee Strobel, *The Case for Miracles: A Journalist Investigates Evidence for the Supernatural* (Grand Rapids, MI: Zondervan, 2018), 101-4. (리 스트로벨, 『기적인가 우연인가: 하나님의 초자연적 개입을 파헤치다』, 두란노) Billy Hallowell, "The Real-Life Miracle That Absolutely Shocked Lee Strobel," Pure Flix.com, April 24, 2018, https://insider.pureflix.com/movies/the-real-life-miracle-that-absolutely-shocked-lee-strobel.
5) 허락을 받고 사용했음.

5. 이 문제, 풀 수 있다

1) Frederick Dale Bruner의 번역, *The Gospel of John: A Commentary* (Grand Rapids, MI: Eerdmans, 2012), 359. 본서에서는 개역개정을 그대로 인용하였음.
2) Bruner, *Gospel of John*, 359.

3) Bruner, 359.
4) 창 41:9-14, 출 2:6, 삼상 17:48-49, 마 27:32-54.
5) "Chambers, Gertrude (Biddy) (1884-1966); Archival Collections at Wheaton College," Wheaton College, https://archon.wheaton.edu/index.php?p=creators/creator&id=198.
6) Macy Halford, "Why We're Still Reading 'My Utmost for His Highest' 80 Years Later," *Christianity Today*, March 9, 2017, https://www.christianitytoday.com/ct/2017/march-web-only/utmost-for-his-highest-popular-devotional-reading-chambers.html.

6. 폭풍 속에서 내가 너와 함께 있단다

1) 궁금해할까 봐 말하자면, 가해자의 비밀이 결국 그의 발목을 잡았고 그의 행동은 처벌받았다.
2) Katherine and Jay Wolf, *Hope Heals: A True Story of Overwhelming Loss and an Overcoming Love* (Grand Rapids, MI: Zondervan, 2016), 163-65.

7. 맹인의 눈을 뜨게 하시다

1) John Newton, "Amazing Grace," Timeless Truths, https://library.timelesstruths.org/music/Amazing_Grace/. (존 뉴턴, "나 같은 죄인 살리신", 새찬송가 305장)

2) Lea Winerman, "By the Numbers: An Alarming Rise in Suicide," *American Psychological Association* 50, no.1 (January 2019), https://www.apa.org/monitor/2019/01/numbers.
3) "Opioid Overdose Crisis," National Institute on Drug Abuse, NIH, revised February 2020, https://www.drugabuse.gov/drugs-abuse/opioids/opioid-overdose-crisis.
4) 요 3:17; 4:34; 5:24, 30, 36; 6:29, 38, 44, 57; 7:16, 18, 28, 29, 33; 8:16, 18, 26, 29, 42; 9:4.
5) Hershel Shanks, "The Siloam Pool: Where Jesus Cured the Blind Man," *Biblical Archaeology Review* 31:5 (Sept/Oct 2005), baslibrary.org/biblical-archaeology-review/31/5/2.
6) Lee Strobel, *The Case for Miracles: A Journalist Investigates Evidence for the Supernatural* (Grand Rapids, MI: Zondervan, 2018), 141. (리 스트로벨, 『기적인가 우연인가: 하나님의 초자연적 개입을 파헤치다』, 두란노)
7) Tom Doyle, *Dreams and Visions: Is Jesus Awakening the Muslim World?* (Nashville: Thomas Nelson, 2012), 127.
8) Strobel, *Case for Miracles*, 146.
9) Strobel, 152.
10) 예외적인 사건은 아나니아가 사울을 고친 것이다(행 9:8-18).
11) C. H. Spurgeon, *The Metropolitan Tarbernacle Pulpit: Sermons Preached and Revised in 1884* (London: Banner of Truth Trust, 1971), 30:489.

8. 무덤을 비우는 목소리

1) Frederick Dale Bruner, *The Gospel of John: A Commentary* (Grand Rapids, MI: Eerdmans, 2012), 664.
2) Bruner, *Gospel of John*, 681.
3) 러스 리벤슨의 허락을 받고 사용했음.

9. 다 이루었다

1) 케일라 몽고메리의 허락을 받고 사용했음.

10. 그가 보고 믿더라

1) 어떤 성경 버전은 약 45킬로그램이라고 말하고, 다른 성경 버전은 약 31 혹은 34킬로그램이라고 말한다.
2) William Barclay, *The Gospel of John*, rev. ed. (Philadelphia: Westminster Press, 1975), 2:263. (윌리엄 바클레이, 『요한복음』, 기독교문사)
3) Gary M. Burge. *John*, The NIV Application Commentary (Grand Rapids, MI: Zondervan, 2000), 554.
4) Edward W. Goodrick and John R. Kohlenberger III, *The NIV Exhaustive Concordance* (Grand Rapids, MI: Zondervan, 1990), 127–28.

5) "수의들은 흐트러지거나 어지럽혀 있지 않았다. 그것들은 **접힌 채 그대로 놓여** 있었다." Barclay, *Gospel of John*, 2:267.
6) Arthur W. Pink, *Exposition of the Gospel of John* (Grand Rapids, MI: Zondervan, 1945), 1:1077. (아더 핑크, 『요한복음 강해』, 크리스천다이제스트)
7) Burge, *John*, 554.
8) 존 스토트(John Stott)는 그리스도의 시체가 "증발해버렸다. 전혀 다른 새롭고 놀라운 존재로 변형되었다"라고 말한다. John Stott, *Basic Christianity* (Downers Grove, IL: InterVarsity, 1959), 53. (『기독교의 기본진리』, 생명의말씀사)

11. 예수님과 함께하는 아침식사
1) Ross King, *Leonardo and the Last Supper* (New York: Bloomsbury, 2012), 271-73.

12. 믿으라, 믿기만 하라
1) 허락을 받고 사용했음.
2) 허락을 받고 사용했음.
3) Mark Bouman, *The Tank Man's Son: A Memoir* (Carol Stream, IL: Tyndale, 2015), 316-18, 333-34.

You Are Never Alone

사명선언문

너희가 흠이 없고 순전하여……세상에서 그들 가운데 빛들로
나타내며 생명의 말씀을 밝혀 _ 빌 2:15-16

1. 생명을 담겠습니다
만드는 책에 주님 주신 생명을 담겠습니다.
그 책으로 복음을 선포하겠습니다.

2. 말씀을 밝히겠습니다
생명의 근본은 말씀입니다.
말씀을 밝혀 성도와 교회의 성장을 돕겠습니다.

3. 빛이 되겠습니다
시대와 영혼의 어두움을 밝혀 주님 앞으로 이끄는
빛이 되는 책을 만들겠습니다.

4. 순전히 행하겠습니다
책을 만들고 전하는 일과 경영하는 일에 부끄러움이 없는
정직함으로 행하겠습니다.

5. 끝까지 전파하겠습니다
모든 사람에게, 땅 끝까지, 주님 오시는 그날까지
복음을 전하는 사명을 다하겠습니다.

서점 안내

광화문점 서울시 종로구 새문안로 69 구세군회관 1층
02)737-2288 / 02)737-4623(F)

강남점 서울시 서초구 신반포로 177 반포쇼핑타운 3동 2층
02)595-1211 / 02)595-3549(F)

구로점 서울시 동작구 시흥대로 602, 3층 302호
02)858-8744 / 02)838-0653(F)

노원점 서울시 노원구 동일로 1366 삼봉빌딩 지하 1층
02)938-7979 / 02)3391-6169(F)

일산점 경기도 고양시 일산서구 중앙로 1391 레이크타운 지하 1층
031)916-8787 / 031)916-8788(F)

의정부점 경기도 의정부시 청사로47번길 12 성산타워 3층
031)845-0600 / 031)852-6930(F)

인터넷서점 www.lifebook.co.kr